活動を支えてくれた俳句の都・松山

――松山の特徴について教えてください。

夏井　松山はコンパクトで住みやすい街です。俳句のこと以外ではあまり出歩かないので、移動は電車や自転車で事足りています。

私は愛《え》媛《ひめ》県南宇和郡《みなみうわぐん》内海村《うちうみむら》（現在の愛南町《あいなんちょう》）の生まれで、田舎の人間でしたので、松山は都会だというイメージしかもっていませんでした。8年間の教員生活のあと、俳人として松山に住み始めたのは30歳を過ぎてからで、30年以上になりました。

俳人になると宣言して活動を始めましたが、私1人で子どもを2人育てながら生活していかなければならなくなったときには、苦労を覚悟していました。そんなときに助けてくれたのが、俳句の都・松山という土地でした。その当時、俳句の世界に若い人はほとんどいませんでしたので、そういう人や大人たちに向けて俳句を知ってもらうための種まきを始めました。

このままでは俳句の根っこが細くなっていくかもしれない、と勝手に危機感を「[illegible]した。人脈も金脈も[illegible]句好きのおばちゃん[illegible]もたちへの種まきも[illegible]かから「俳句甲子園[illegible]いくことになりまし[illegible]

今の私[illegible]取を食べられるよう[illegible]松山に俳句文化の土[illegible]たと思っています。だからこそ活動の拠点を松山に置いて、松山の人に喜んでもらえるような活動をする。これが私を育ててくれた松山に対しての恩返しになると考えています。

同じ場所に何度も訪れる「定点観測」は俳人の性《さが》

――松山の街でよく行く場所はありますか。

夏井　どこか特別な場所へ行こうと思って出かけることはあまりありません。俳句の題材を求めて街を歩く「吟行《ぎんこう》」で、同じ場所へ何度も出かけることはあります。一度行ったところでも、違う季節、違う天気、違う心もちで改めて訪れると、違う場所のように感じられるのです。

俳人は吟行で「定点観測」をする習性があるので、毎年同じ場所へ集まることになります。私が選者として参加している「道後《どうご》俳句塾」には、毎年100人以上が参加します。俳句塾の2日目に行われる吟行会では、道後湯月町《ゆづきちょう》上人坂《しょうにんざか》の上にある「宝《ほう》厳寺《ごんじ》」にいったん足を運び、そこからバラバラになって道後界隈《かいわい》を散策しに行ったりします。

平成25年（2013）8月に宝厳寺が焼けたとき、その翌月が道後俳句塾でしたから、まだ焼け跡が生々しかったです。その年の宝厳寺は、礎石《そせき》や真っ黒に焦げた柱だけになっており、軒先《のきさき》にぶら下がっている鐘《かね》もすすを被《かぶ》って真っ黒でした。毎年見ていた宝厳寺の変わり果てた姿に、私も俳句塾の参加者も、自分のことのように心配し、さみしい気持ちになりましたね。これも定点観測をしていたからこその思い入れだったと思います。

松山の人々の生活に溶け込んでいる松山城

――松山城の思い出はありますか。

夏井　松山に住んでいる人にとって松山城は、日常に溶け込んだ風景の一部です。城の周りに電車や道路が通っていますし、お店や公共施設もあります。暮らしの中に城があって当たり前というくらい、生活になじんでいるのではないでしょうか。

私が生まれ育った内海村は、宇和島よりも田舎の漁師町でした。宇和島を「お城下」と呼んでいましたし、通《かよ》っていた高校の近くに宇和島城があったことから、お城に多少の親しみはありました。当時は、どちらかというと松山城よりも宇和島城のほうが身近な存在であったように感じます（笑）。

吟行以外で松山城に行くときは、お仕事が関係しているときがほとんどです。ＮＨＫ松山局の『学生俳句チャンピオン決定戦』という番組の起源となった大会の、第1回決勝会場がまさに松山城でした。松山の中心にある子規堂を出発地点に、王道の観光地・道後までの道のりで、過酷な試練に挑みます。そしてそれらを突破し最後に残った2名が、松山城天守の見える広場で句合わせ対決をするという内容でした。松山市内が一望できる天守閣前広場での決勝戦が、松山城の一番の思い出ですね。「恋人の聖地」ともなっている松山城二之丸史跡庭園は、何度も訪れている場所です。ここでは吟行で訪れて、係のおばさんに収穫しているポンカンをいただいたりしたこともありました。

あとは二之丸で見つかった大井戸の遺構でしょうか。城内の火災などへの備えとされる井戸からは、当時の人の生活や防災への考え方が垣間《かいま》見られて興味深いです。

正岡子規を輩出した俳句の都

――松山が「俳句の都」と呼ばれる理由は何でしょうか。

夏井　その理由は明快です。正岡子規《まさおかしき》が松山で生まれ、高浜虚子《たかはまきょし》、河東碧梧桐《かわひがしへきごとう》が子規の弟分として松山から出ている、ということです。松山が「俳句の都」と呼ばれているのはこの人たちの功績で、この3人がつくった「俳句」という大河の流れが、現在まで続いています。

――ご著書から子規の熱心なファンだということが伝わりました。その魅力はどこにあるとお考えですか。

夏井　「ふつう」をどこに定義するかにもよるとは思いますが、ふつうの俳人は、自分で詠んだすべての俳句の中から人様の目に触れさせてもいいと思うものをふるいにかけて発表しています。

子規は34年の人生の中で詠んだ俳句を、すべて残し発表していますので、なかには人様に見せられないようなものもあります。それを見て、

「種田山頭火が終生の地に選んだ松山は、人も気候もあたたかい場所だと思います。」

子規は俳句が下手だという人もいるくらいです。しかし私は、そういった子規の素朴さが捨て難い魅力だと感じています。

――愛媛は東予《とうよ》、中予《ちゅうよ》、南予《なんよ》に地域分けされますが、中予の松山とご出身の南予とで違う点はありますか。

夏井　一般的に東予、中予、南予の人では、それぞれ性格に違いがあるとよくいわれたりもしますが、一様にはくくれないと思っています。

　先の子規の話に戻るなら、中予でくくってお話しするのではなく、子規のもつ反骨精神やユーモアや火の玉のような好奇心に注目したくなるのと同じです。私自身、出身に関係なく、闘病生活のなかで、明るくエネルギッシュに偉業をなしとげた子規という人物に魅力を感じていますから。松山という土地でのご縁を大切にして、俳句の都に腰を据えながら、好奇心をエネルギーとして、俳句の種をまき続けたいですね。

――これから松山を訪れる人におすすめの郷土料理や食材を教えてください。

夏井　やはり柑橘《かんきつ》ではないでしょうか。愛媛のみかんは多種多彩で、人に贈るときは詰め合わせにすると、とても喜ばれます。テレビの撮影のおり、スタジオに置いておくとすぐになくなってしまい、食べられなくて悔しいなんていってくれる人もいました。

　あとは鯛《たい》めしですね。愛媛の鯛めしは、松山の炊き込みご飯と「宇和島鯛めし」の2種類に分けられます。宇和島鯛めしは南予の郷土料理です。幼い頃、内海村では、魚の刺身と卵をご飯にかけるぶっかけ丼として食べていました。どちらの鯛めしもおいしいですよ。

　ちなみに私は、子どもの頃は家族と一緒に船に乗り、鯛やイカを釣り、

正岡子規

「火の玉のような好奇心をもった人。それが正岡子規だと思っています。」

船に積んだ七輪で焼いて食べたりしていました。私にとって宇和島鯛めしは、その当時食べていた漁師めしの1つです。

――松山で個人的におすすめスポットがあれば教えてください。

夏井　松山だと、道後温泉本館を見下ろせる遊歩道「空の散歩道」の足湯が好きです。道後温泉駅前にある放生園《ほうじょうえん》の足湯もいいのですが、そちらより人が少なく、温泉の温度が高い「空の散歩道」の足湯が気に入っています。

あとは墓地ですね。俳人は変な人が多いですから（笑）、墓を見に行きたいという人がいて、案内することがあります。祝谷東町《いわいだにひがしまち》にある鷺《さぎ》谷墓地《だにぼち》には、司馬遼太郎《しばりょうたろう》の小説『坂の上の雲』に登場する秋山兄弟の兄・秋山好古《あきやまよしふる》の墓や、松山の俳人で、虚子に師事した中村草田男《なかむらくさたお》などの墓があります。好古の墓はわかりやすく、以前は日の丸が飾ってありましたが、草田男の墓はわかりにくくて、吟行などで人をつれていくたびに「どこだっけ？」と探すことになります。

『瓢箪から人生』
夏井いつき著、小学館
自身の俳句の都松山での活動や、これまでの人生で出会った忘れられない人たちなど、雑誌で連載された同名のエッセイを単行本化。夏井さんらしいユーモアが詰まっているほか、自作の俳句なども掲載されている。

「空の散歩道」の足湯。

松山城周辺地図
大川
厄除延命地蔵尊
天徳寺
長建寺
足立重信の墓
来迎寺
遍路道の道標
木屋町
千秋寺
御幸寺
一草庵
伊予鉄道高浜線
北郭跡
平和通り
上一万駅
古町駅
阿沼美神社
若草町
松山城ロープウェイ東雲口駅
東雲公園
愛媛県中予地方局総合庁舎
伊予鉄道市内線
常楽寺六角堂
大林寺
三之丸北側入口
松山城
東雲神社
味酒町
札の辻
雲祥寺
明教館
庚申庵
二之丸史跡庭園
秋山兄弟生誕地
萬翠荘
愛媛県立松山東高校
愛松亭
松山東雲中学・高等学校
庚申庵史跡庭園
三之丸(堀之内)
愛媛県庁
松山地方裁判所
国道317号線
国道11号線
松山駅
大街道駅
愛媛県美術館
一番町
坂の上の雲ミュージアム
愛媛県立松山商業高校
お囲い池跡
松山市青少年センター
二番町
大街道
外側
唐人町
国道196号線
三番町
国道11号線
新立町
湊町
新立橋
松山市駅
銀天街
塩屋
中ノ川通り
法龍寺
中ノ川
永木橋
興聖寺
石手川
愛媛県立松山南高校正門(藤原口)
立花橋
伊予鉄道横河原線
500m
200m
末広橋

松山市広域地図
堀江湾
由良湾
松山市
道後温泉本館
道後公園
（湯築城跡）
松山城
石手川
重信川
御坂川
松前町
松前城跡
砥部町

図説

松山城ものがたり

築城までも一苦労　人海戦術の治水工事

連立式天守をもつ広大な平山城

松山城は松山市にある勝山《かつやま》（城山《しろやま》）の上からその麓にかけて築かれた平山城《ひらやまじろ》です。平山城とは、平野にある小山や丘陵部を利用してつくられた城のことで、松山城は岡山県にある津山城、兵庫県にある姫路城とともに日本三大平山城の１つと称されています。さらに松山城は、天守が現存している12城のうちの１つです。天守には、入母屋造《いりもやづくり》の建物の屋根の上に望楼《ぼうろう》（物見《ものみ》櫓《やぐら》）を載せた「望楼型」と、一層から同じ形の建物を積み上げていく「層塔型《そうとう》」の２つの形式があります。

松山城の天守は後者の層塔型天守です。江戸時代に建てられた最後の城郭建築で、層塔型天守の完成形といわれています。

また、２基以上の小天守《こてんしゅ》や櫓《やぐら》を渡櫓《わたりやぐら》で連結している「連立式天守」でもあります。これに分類される城は、現存天守だと松山城と姫路城のみです。天守の構造から見ても松山城は類稀なる城だといえます。

松山市街地と松山城　松山市の中心部にある標高132mの勝山（城山）山頂に本丸があり、裾野に二之丸（二之丸史跡庭園）、三之丸（堀之内）がある。

加藤嘉明が伊予国20万石の城を構想

松山城を築城したのは、松前城《まさきじょう》（現在の愛媛県伊予郡松前町の城）を居城としていた加藤嘉明《よしあき》です。嘉明は幼少の頃より、近江国《おうみのくに》で羽柴（豊臣）秀吉に仕えており、天正11年（１５８３）の賤ケ岳《しずがたけ》の戦いで七本槍の1人として勇名をはせました。

嘉明は、慶長5年（１６００）の関ケ原の戦いで徳川家康に与《くみ》し、家康より伊予国《いよのくに》20万石を与えられることになります。当時、嘉明が居城としていた松前城は伊予灘の風波が荒く、櫓が倒れるおそれさえあったと伝わります。そこで、20万石の大名にふさわしい広大な土地を道後平野から求めることになり、候補地を探すことから始めました。

まず挙げられた候補地は、勝山と、御幸寺山《みきじさん》、天山《あまやま》の3か所だったと伝えられています。なかでも勝山は、味酒《みさけ》集落の中心を成す独立丘陵で、周囲に城下町を造成するにふさわしい平地だったため、第一候補地とされました。しかし勝山には、湯山川（現在の石手川）という荒れ川が北東から流れ込んでおり、雨期には頻繁に氾濫を起こして水田を押し流す洪水被害を繰り返していました。この川筋をつけ替えない限り、城地としては不適格です。

『太平記英勇伝 三十九 加藤左馬之介嘉明』
初代松山城主である加藤嘉明が描かれている。落合芳幾作。秀吉の死後は徳川についたため、のちに伊予松山に20万石を与えられる。(東京都立図書館蔵)

足立重信による大規模治水工事

そこで土木工事に長じた家臣の足立重信《あだちしげのぶ》が、湯山川の流路改修に着手し、城下町の土地造成をはかるとともに、この水を近郷の灌漑《かんがい》用水に充当するという計画を嘉明に進言します。それは湯山川の流路を変えて伊予川（現在の重信《しげのぶ》川）に合流させ、城下町の洪水を防ぎ、さらに農地を拡大させるという大規模な治水工事を意味していました。

松山城築城に先立ち、重信の湯山川改修工事が始まります。言い伝えによれば、重信はまず湯山川にある岩堰《いわぜき》と呼ばれる場所の岩盤を切り開きたいと考えまし

石手川の岩堰に架かる「岩堰橋」　岩堰には大正時代に赤い吊り橋「岩堰橋」が架けられた。岩堰に今も残るのみ跡が、人力の苦労を物語る。

た。ここから湯山川の流路を伊予川に合流させ、岩堰から出《で》合《あい》までの約2キロの両岸には堤防を築いて流路を定め、竹木を植えて耐久工事を施す計画です。

　この工事で最も難渋したのは、岩堰の開削作業だったと伝えられています。現在のような重機がない時代に、石のみと鎚《つち》だけを使った人力で硬い岩盤を削るため、工事は遅々としてはかどりません。そこで重信は、石くず一升に米一升（石くず一升掘った労賃として米一升を与える）というおふれを出し、労働者たちの出来高に応じた報酬を与えました。こうした労働制度が功を奏し、ようやく岩堰の掘抜きが成就したと伝わっています。

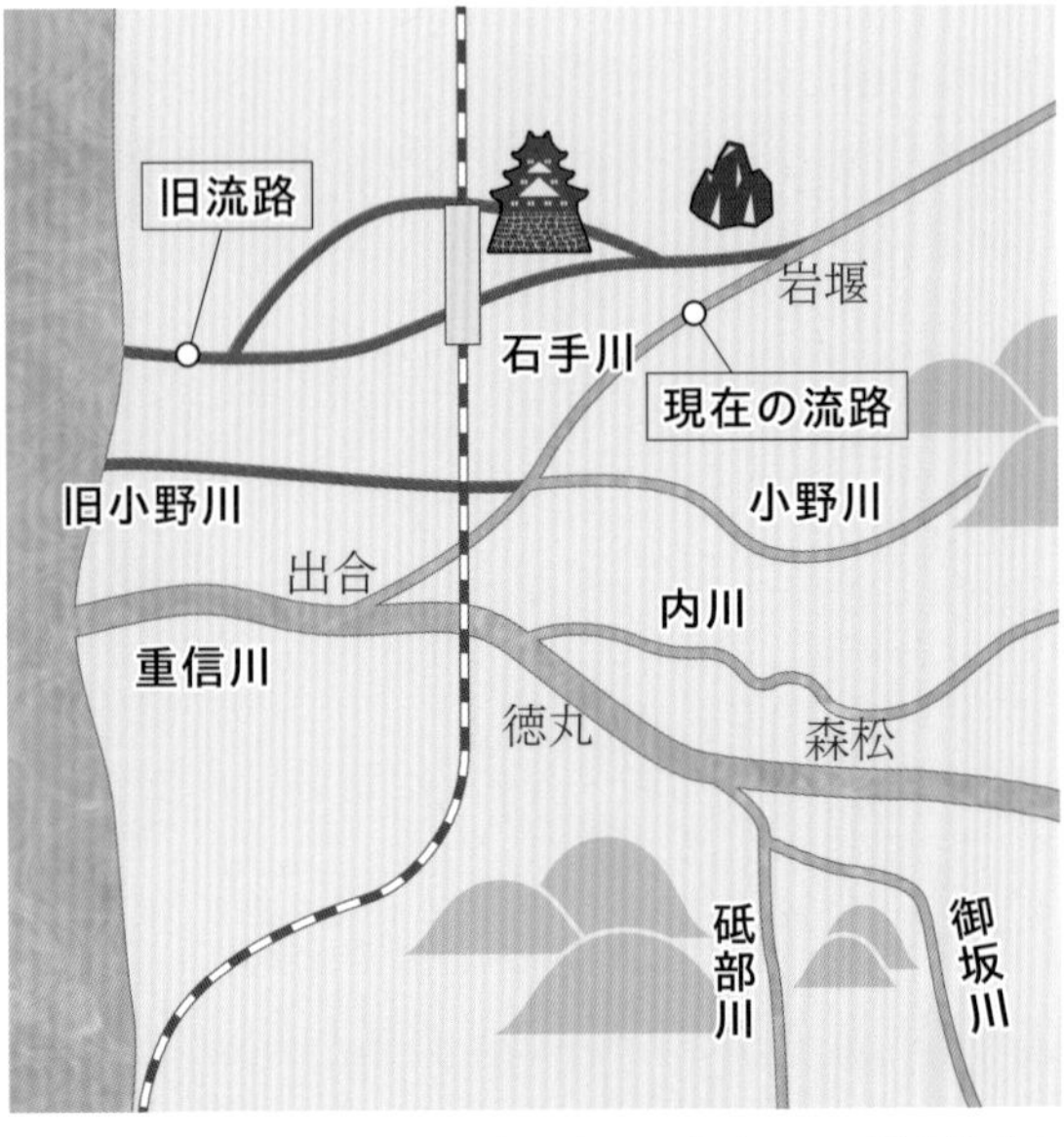

湯山川（現在の石手川）の治水工事　松山城下町の洪水被害を防ぎ、農地を拡大させたことで、川筋が防衛線にもなった。

　この新流路の開通によって旧河道を埋めて数百万平方メートルの水田を得ました。新流路開設によって失った田地を差し引いてなお、約３００万平方メートル増したと伝えられています。また、新川開通とともに水路を開いたため灌漑の便が増えるなどの恩恵を与えた大土木工事でした。足立重信の功績をたたえ、のちに伊予川は「重信川」と呼ばれるようになります。重信は松山城下町の土台を築いた人物として、伊予松山の歴史にその名を残すことになりました。

築城期間約25年完成目前で嘉明が移封

五重の天守をもつ壮大な城

松山にかかわる伝承をまとめた『松山俚人談《りじんだん》』によると、当時の徳川家は各地の大名に築城予定地を申告させていましたが、第二候補地を選ぶことが多かったそうです。そこで嘉明は勝山、御幸寺山、天山のうち、本命の勝山を第二候補として申請しました。結果、嘉明の思惑どおり勝山への築城が認められたという伝説が残っています。

湯山川改修工事の功績により、重信は普請奉行に任じられ、慶長7年（1602）に築城工事を開始します。勝山は南北2つの峰から成っていたので、これを1つにするため両峰の山頂を削り、間の谷を埋める作業から始められました。そしてこの谷間にあった井戸を守り立てて周囲を下方から積み上げ、城の井戸とします。こうして得た勝山の山容は、南東部が比較的緩やかな傾斜で北部は切り立った断崖を成していました。

頂上の本丸は南北に長く東西に短く、一説には五重の天守を営んでいたと伝えられています。平山城としてのこの勝山の比高は約100メートルで、その上に載った天守を中心とする楼門は堂々たる威容を備えていたと伝えられています。

次に勝山の南西麓に二之丸を置き、さらに西の平地に三之丸を設けました。築城時、二之丸に置かれた御殿が城主の居館であり、政庁となります。そして、御殿のそばの三之丸には上級武士の屋敷を置きました。そのため周りを防御の堀で囲み、この一画を「堀之内《ほりのうち》」と称しました。

石垣のほか、櫓や門のなかには、湯築城《ゆづきじょう》や松前城の遺構を利用したものもあったようです。昭和24年（1949）に焼失した筒井門などは、松前城から移築したものといわれています。

嘉明の町割りを基礎に発展した城下町

嘉明は築城工事の開始と同じ頃に、城下町の町割りも開始します。松山城の城下町は、本丸と二之丸を中心に東南北の各曲輪に重臣屋敷、三之丸と城南、城西に上級武士が住む侍町、城の南北に中・下級の侍町、城東に徒士町が置かれました。さらに城西の侍町の北西と、城南の侍町の南東に町人地が配される嘉明の町割りを基礎として発展していきました。

人口が増えるにつれて武家地が拡大し、町人地も変遷していきます。北西の町人地は、嘉明の旧城下である松前などから移ってきた人が住む免租地でした。それらの地には、そのまま松前町などの町名がつけられ、北西の町人地は総じて「古町《こまち》三十町」と呼ぶようになりました。

対して南東の町人地は、朝鮮出兵の際に連れ帰った捕虜を居住させたことに由来するとされる唐人町《とうじんまち》などがありました。この地は江戸時代後期に急速に発展します。そして、古町三十町をしのぐまでに成長し、「外側《とがわ》」と呼ばれました。

嘉明は、のちに松前や道後、近隣から寺院を城の北へと移し、寺町をつくります。これには、有事の際に兵を配置するといった軍事上の目的があったと考えられています。

現在の町の地図と古地図を照らし合わせると、町割りがほとんど変わらず残っていることがわかります。400年以上たった今でも、嘉明の町割りは色濃く残り、四国最大の城下町として栄えています。

「おたた」が活躍した築城工事

築城工事では、鮮魚や煮干しを入れた桶を頭上に載せて売り歩く「おたた」が活躍したという言い伝えが残っています。おたたたちは魚の代わりに築城用の資材を桶に載せ、松前城から勝山へ行列をなして運んだそうです。今日この魚桶を「ごろびつ」と呼ぶのは「御料櫃」のなまったものということです。おたたたちは「長いものぞナ松前のかずら、蔓は松山へ、花はお江戸の城で咲く」と歌いながら働き、嘉明夫人も路上で握り飯を配って、その労をねぎらったと伝えられています。

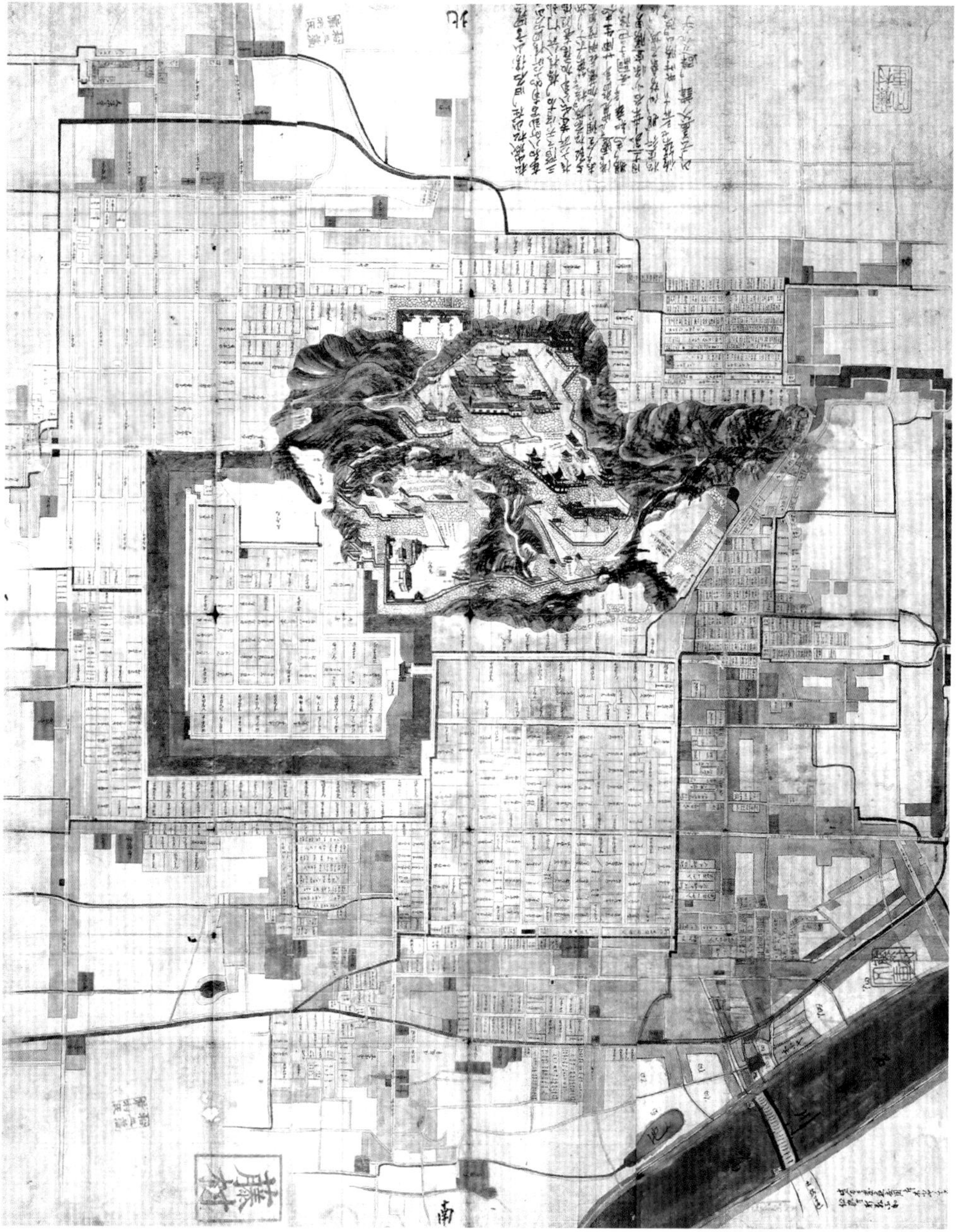

『松山城下町宝暦図』 久松松平家８代目松平定喬の治世、宝暦年間（1751～64）の景観を描いた絵図。武家地（侍町・徒士町）は南と北（薄茶色）、町人地のうち「古町三十町」は北西（黄色）、そのほかは南東（黄土色）に展開し、寺社は外縁（寺：赤色または桃色、神社：白色）に点在する。（個人蔵）

伊予国内の史跡や伝承を収録した『予陽郡郷俚諺《よようぐんごうりげん》集《しゅう》』によると、城郭と武家屋敷、町家があらましできた慶長8年（１６０３）に、嘉明は家臣・町人たちを引き連れて、伊予郡松前町から新城地に移り住みました。このとき初めて城下に「松山」という地名がつけられたと伝わります。松山の由来は、若松・松代と同様に家康の姓である松平氏にあやかり、「松」を祝して、繁栄を願ったものとされています。

その後も築城工事は続けられましたが、完成を目前にした寛永4年（１６２７）、嘉明が陸奥国会津《むつのくにあいづ》藩（現在の福島県西部周辺）40万石に移封となります。その後は、出羽国《でわのくに》上山《かみのやま》藩（現在の山形県上山市周辺）から24万石（うち4万石は近江日野）で入封した蒲生忠《がもうただ》知《とも》（家康の外孫）が、二之丸を含めた築城工事を完了させたと伝わっています。

築城期間は約25年にも及んでおり、これは江戸城に次ぐ長さの大工事でした。ただし、一説によると天守は慶長10年（１６０５）にはすでに完成したとも伝わっていますが、定かではありません。

15代続いた久松松平家支配
落雷からよみがえった天守

蒲生家から久松松平家へ

蒲生忠知は松山城に入った7年後、寛永11年（１６３４）の参勤交代中に京都で急死します。これにより、蒲生家は断絶することになりました。その後、大洲《おおず》藩主の加藤泰興《やすおき》らの在番を経て、寛永12年（１６３５）に久松松平家の松平定行《さだゆき》（家康の甥）が伊勢桑名から15万石で松山城に入封することになります。

そもそも久松松平家は菅原道真を祖とあがめ、徳川家康と母を同じくする格式高い家柄でしたが、家康が天下人となったので松平を名乗るようになりました。親藩大名である定行は、葵《あおい》の紋所《もんどころ》を示して威風堂々と松山城に入ったということです。

その後、久松松平家の支配は15代、約２３０年に及びました。定行が築いた松山藩政の基礎は、長く引き継がれていくことになります。

落雷で天守を焼失するも再建

寛永16年（1639）、定行は幕府の許可を得て松山城の天守や櫓、石垣などの改修を行っています。通説ではこのときに天守が五重から三重に改築されたとされていますが、往時の記録が残っていないため定かではありません。貞享4年（1687）には4代松山藩主の松平定直《さだなお》が三之丸に御殿を新設し、以降、政務の中心は三之丸御殿に移され、二之丸御殿は世子《せいし》（藩主の跡継ぎ）の住居などとして用られました。

9代藩主の松平定国《さだくに》の治世にあたる天明4年（1784）、落雷により天守が焼失します。定国は同年のうちに幕府にかけ合い、天守再建の許可を得ますが、財政事情などによりすぐに普請に取りかかることができずにいました。その後、11代藩主の松平定通《さだみち》が再建に着手するも完成を待たずに逝去し、作事所が焼失するなどの不幸が重なって一時は頓挫します。

しかし12代藩主の松平勝善《かつよし》が改めて再建に着手し、嘉永7年／安政元年（1854）、ついに念願の天守が再建されます。親藩が建設したことから、瓦には葵の御紋が付されました。

松山城の紋　松山城の天守の紋は、徳川家とゆかりのある「三つ葉葵紋」。現存12天守のなかで唯一、親藩である久松松平家が建築したことに由来する。（松山城総合事務所提供）

空襲をまぬかれて幕末最後の城郭建築となる

明治維新後、転々とする所有権

幕末、旧幕府側に与していた松山藩は、朝廷からの追討令を受けた土佐藩兵に松山城をみずから開城します。その後は新政府側に恭順していき、慶応4年／明治元年（1868）、松山城は土佐藩（新政府側）預かりとなります。版籍奉還後には旧三之丸御殿が松山藩庁として開庁されましたが、明治3年（1870）

に焼失し、藩庁は旧二之丸御殿に移されました。そして、明治4年（1871）に城全域が兵部省の所管となり、その翌年に廃藩置県により松山県庁を経て石鉄《いしづち》県庁《けんちょう》となっていた旧二之丸御殿が焼失したので、県庁は一時的に大林寺に移転されています。

明治6年（1873）、廃城令により松山城は廃城対象となりました。そして大蔵省の所管となり、愛媛県の誕生を機に今治《いまばり》に移転していた県庁が再び三之丸に戻されます。ところが、三之丸には前年より陸軍の小隊が駐屯しており、陸軍省による借地が続きます。北郭《きたのくるわ》跡は明治4年（1871）から同11年（1878）まで獄舎として使用されました。

松山城が公園化されるのは、明治7年（1874）のことです。内務省は愛媛県への城地無償払い下げと公園の設置を許可しました。こうして本丸跡と二之丸跡は愛媛県により松山公園（聚楽園《しゅうらくえん》）として公園化されます。ところが、明治10年（1877）には三之丸跡が陸軍省によって買い上げられ、翌年には丸亀《まるがめ》の歩兵隊が駐屯し、二之丸跡も移転料のみで陸軍省に譲渡され病院が設けられます。残っていた本丸跡は物産博覧会の会場などとして活用されますが、明治19年（1886）に陸軍省の所管となって公園は閉園し、その後、松山城跡の陸軍兵営化が進みました。

戦前の松山城本壇南側古写真（愛媛県歴史文化博物館提供）

大正初期の三之丸跡古写真　陸軍兵営時代の写真。幕末以降、何度か陸軍用地として利用された。（愛媛県歴史文化博物館提供）

藩主の後継者が城地を松山市へ寄付

明治30年代（1897～1906）になると、市民による公園復活の声が高まり、明治43年（1910）には松山市が陸軍省から3年間無料で借用する形で、本丸城跡付近が「松山公園」として再び公園化されました。そして、大正12年（１９２３）に政府から本丸跡の払い下げを受けた久松定謨《さだこと》（旧松山藩主松山定昭の養子）によって、本丸跡は管理費とともに松山市に寄付されることになりました。

　昭和８年（１９３３）、放火により天守を除く小天守や南隅櫓、北隅櫓、十間廊下など、本壇の建築物が焼失します。その後、松山城は天守を含む35棟の建造物が国宝（旧国宝）に指定されます。昭和20年（１９４５）、第二次世界大戦では空襲により11棟の建造物が焼失しますが、天守は焼失をまぬかれました。そして、昭和43年（１９６８）には、昭和８年以降に焼失した建築物が木造で復元されています。

21棟の建造物が重要文化財へ

　第二次世界大戦後の昭和20年（１９４５）、進駐軍による三之丸跡兵営への駐屯が進みます。さらに陸軍用地の所管が大蔵省へ移管し、二之丸跡に国立松山病院が開かれ、その４年後、三之丸跡に移されました。昭和23年（１９４８）に松山総合グラウンド計画のもと、野球場をはじめとするスポーツ施設の建設が始まり、本丸跡と三之丸跡と付近の山林が総合公園として整備されます。昭和25年（１９５０）には三之丸跡に松山市立産院が開設され、翌年、二之丸跡に城東中学校が完成しました。昭和25年（１９５０）には文化財保護法によって天守をはじめとする21棟の建造物が国の重要文化財に、昭和27年（１９５２）には城域の大部分が国の史跡に指定されました。

　こうして、江戸末期最後の城郭建築といわれる松山城は、城跡全体が史跡公園として後世に残ることになりました。松山平野を３６０度一望できる天守をもつ広大な城郭と城下町は、今も昔も松山の誇りです。正岡子規も「松山や秋より高き天主閣」という句を残しています。

修復工事で見つかった侍の似顔絵　平成16年（2004）10月から平成18年（2006）11月に行われた松山城大規模修復工事で見つかった侍の似顔絵。下見板の裏面へ墨で描いたもので、焼失後の天守本壇の再建時（1848〜52年）の落書きと考えられている。（松山城総合事務所提供）

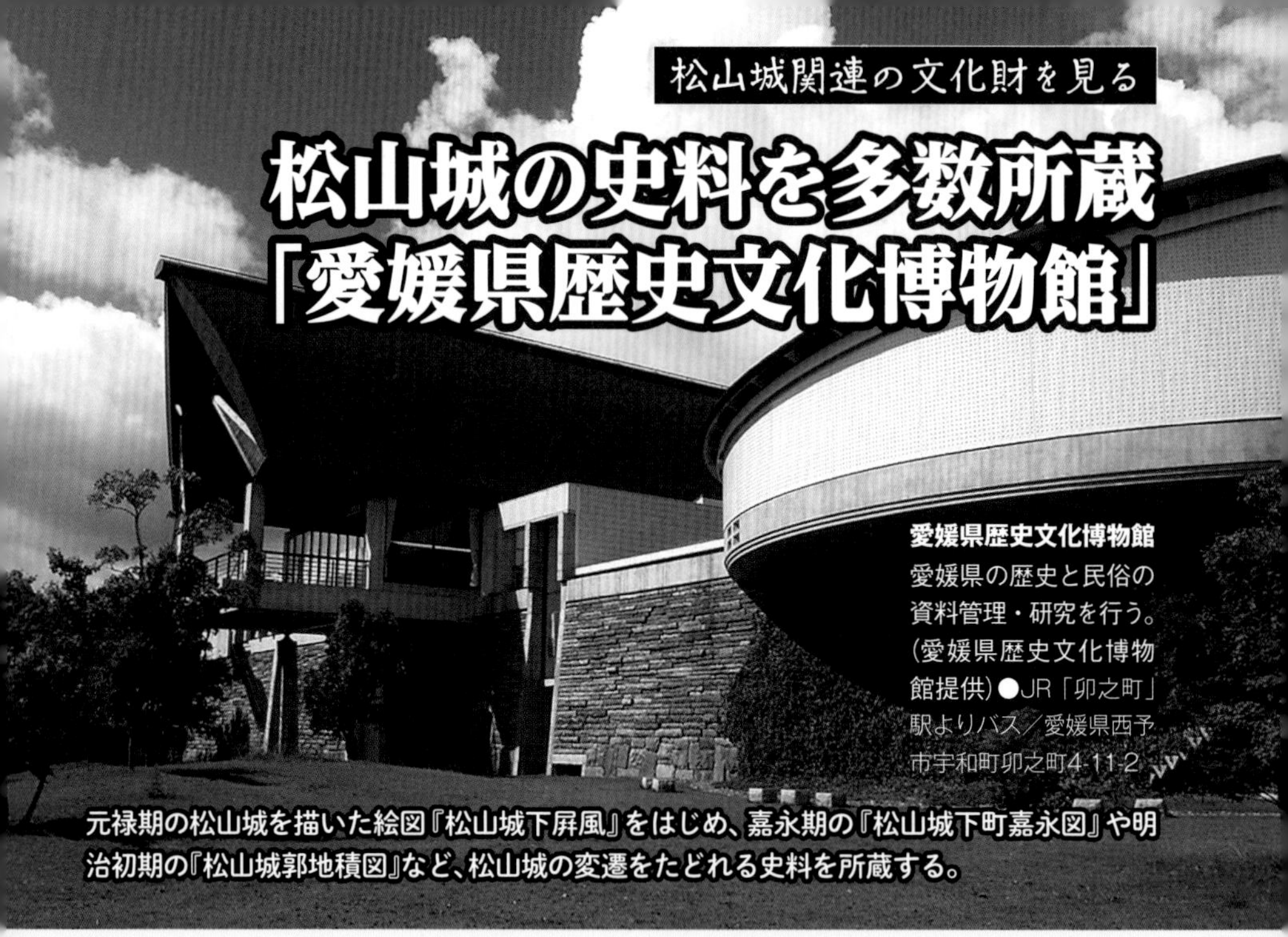

松山城関連の文化財を見る

松山城の史料を多数所蔵「愛媛県歴史文化博物館」

愛媛県歴史文化博物館
愛媛県の歴史と民俗の資料管理・研究を行う。(愛媛県歴史文化博物館提供) ●JR「卯之町」駅よりバス/愛媛県西予市宇和町卯之町4-11-2

元禄期の松山城を描いた絵図『松山城下屏風』をはじめ、嘉永期の『松山城下町嘉永図』や明治初期の『松山城郭地積図』など、松山城の変遷をたどれる史料を所蔵する。

天守や櫓を描く『松山城下図屏風』面積を記載『松山城郭地積図』

「愛媛県歴史文化博物館」は、松山城の南西に位置する、西予市にあります。同館では、瀬戸内海の形成から縄文時代、近世から近現代まで愛媛の歴史や民俗の史料収集と展示を行っています。施設内は「企画展示室」や「民俗展示室」のある1階と、愛媛の古代から近現代まで4つの歴史区分に分けて展示する「歴史展示室」を設けた2階に分けられています。

1階に設けられた「こども歴史館」は、平成22年(2010)3月に体験学習室からリニューアルし、昔の遊び体験や時代衣装の着衣体験ができます。

松山から遠く離れた場所にありますが、この博物館には松山城に関する史料も多数所蔵されています。寛永4~9年(1627~32)のものとされる『蒲生家《がもうけ》伊予《いよ》松山《まつやま》在城《ざいじょう》之《の》節《せつ》郭《くるわ》中《ちゅう》屋敷割《やしきわり》之《の》図《ず》』は、寛永4年に加藤嘉明の代わりに松山入りしたとされる、蒲生忠《ただ》知《とも》の家臣の屋敷割を描いた絵図です。城山の本壇が現在の直線的な形状と違って、複雑な多角形になっている点から、松山城初期の姿を知る重要な史料とされています。

同じく同館所蔵の『松山城《まつやまじょう》下《か》町《まち》寛永《かんえい》図《ず》』は、寛永12年（1635）に転封（領地をほかに移されること）してきた松平家の家臣名を墨書きで、断絶した蒲生家の家臣名を朱書きで並び記している史料です。南部には藩主別荘の「花畑」が描かれ、茅屋町や松屋町など古い町名が記されるなど、当時の松山城周辺がわかる図となっています。

『松山城下町嘉永図』は嘉永年間（1848～54）の史料で、東町奉行と西町奉行の名前から、嘉永6年（1853）からその翌年までの絵図と判断されています。

愛媛のあけぼのを展示した歴史展示室
愛媛のはじまりを取り扱った展示室。弥生時代の竪穴式住居などが再現されている。（愛媛県歴史文化博物館提供）

幕藩体制下の伊予を再現した歴史展示室　近世の町家の外観などが再現展示されている。（愛媛県歴史文化博物館提供）

民俗展示室　だんじりや衣装など、松山を含む愛媛県内に伝わる民俗の史料展示。（愛媛県歴史文化博物館提供）

松山城本丸中央には、松平家の家紋である三つ葉葵紋が描かれています。

明治5年（1872）の史料である『松山城郭地《まつやまじょうかくち》積図《せきず》』は、城山を中心に二之丸、三之丸までが描かれた絵図です。本丸が約1万平方メートル、二之丸が約1万6000平方メートル、北の曲輪が約6300平方メートルと、詳細な面積が記されている、貴重な史料となっています。

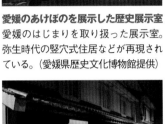

絵図や絵巻などの豊富な史料は デジタルアーカイブで無料閲覧可能

これらの史料は、同館が運営管理するサイト「絵図・絵巻デジタルアーカイブ」で公開されています。同サイトでは、絵図や絵巻など130点もの史料がデジタル化され、誰でも見ることができます。

このデジタルアーカイブでは、絵図だけでなく絵巻も閲覧可能です。江戸時代後期の絵巻である『東《とう》海道西国筋図巻《かいどうさいごくすじずまき》』は、江戸から東海道、瀬戸内海周辺、九州の対馬までの城郭や神社仏閣、名所旧跡が描かれています。同絵巻に用いられている表現方法から、この絵巻は実用的なものではなく、鑑賞用に制作されたものだと考えられています。

また愛媛県歴史文化博物館では、所属する学芸員を主軸に、松山城を含めたさまざまな研究が進められています。たとえば、明治期における松山城の公園化や松山城の基礎史料ともいえる『亀郭城秘図《きかくじょうひず》』の研究が行われています。令和4～5年（2022～23）に開催されたテーマ展「松山城と武家屋敷」では、松山城の天守や櫓、三之丸御殿の様子が描かれた元禄年間（1688～1704）の史料である『松山城下図屏風』や、武家屋敷の内部について描かれた350点もの間取り図、近年の発掘調査の成果をもとに、江戸時代の武士の暮らしなどが紹介されました。

近世都市の松山や高虎と嘉明などさまざまなテーマの展示を多数開催

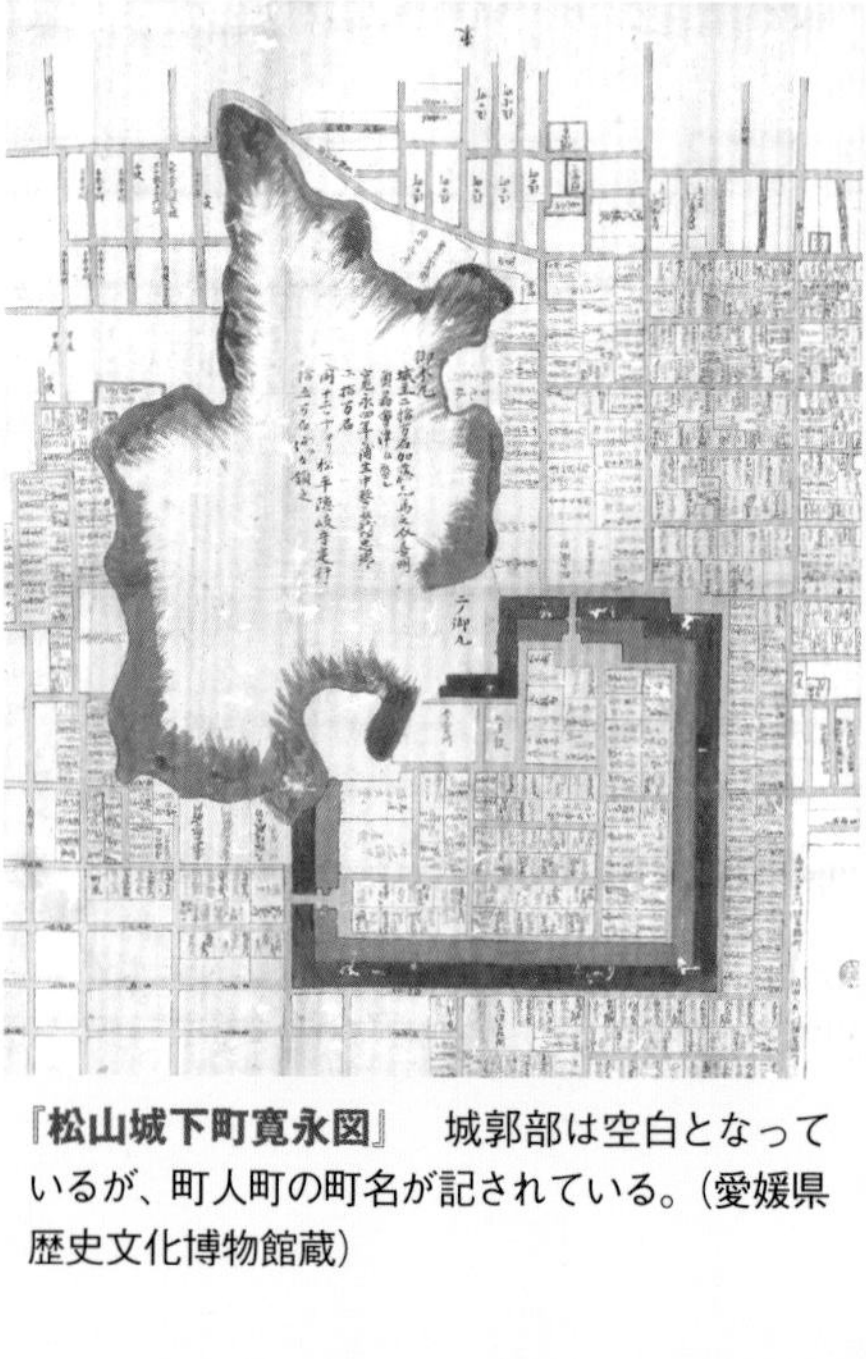

『松山城下町寛永図』　城郭部は空白となっているが、町人町の町名が記されている。（愛媛県歴史文化博物館蔵）

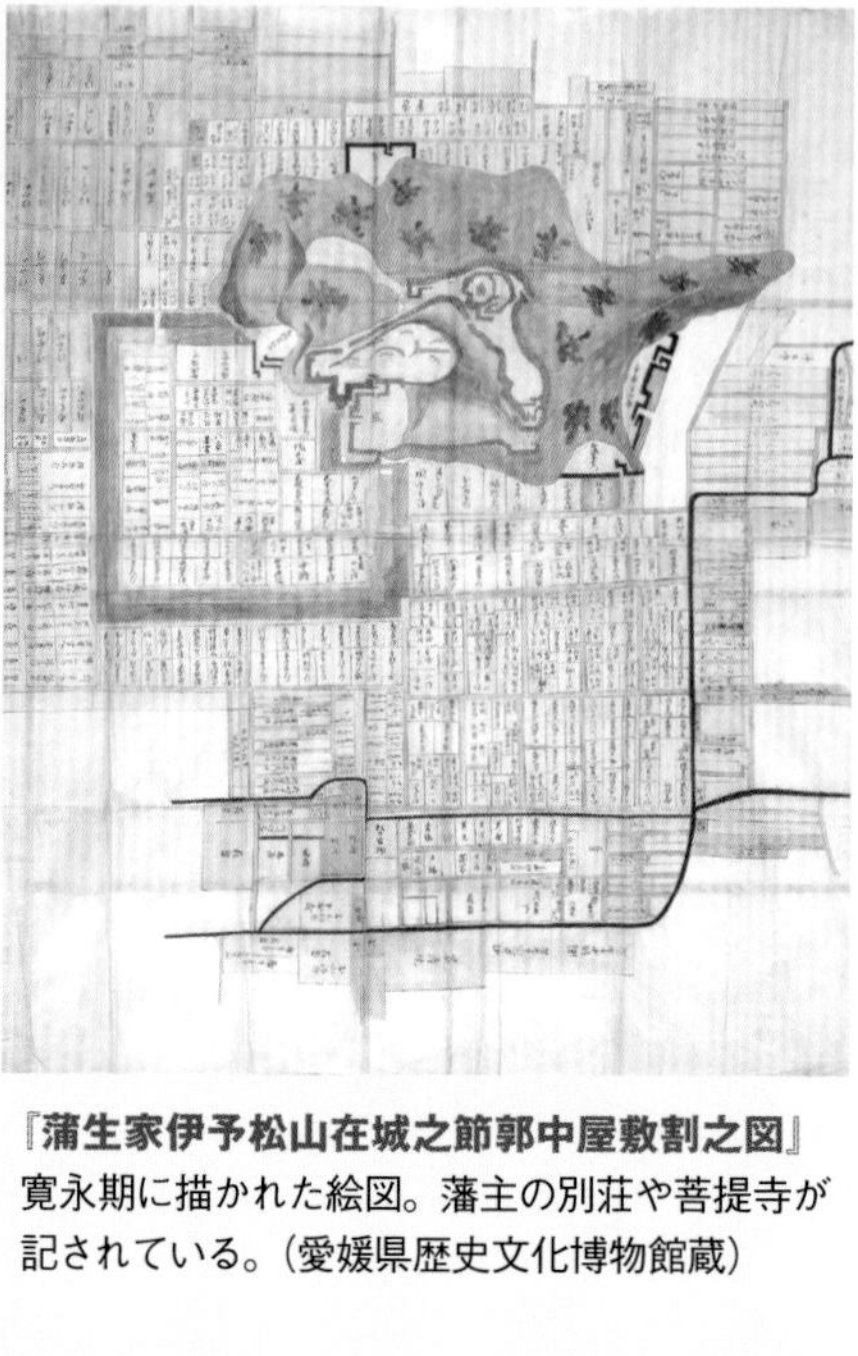

『蒲生家伊予松山在城之節郭中屋敷割之図』
寛永期に描かれた絵図。藩主の別荘や菩提寺が記されている。（愛媛県歴史文化博物館蔵）

同館では過去にも多くの特別展やテーマ展が催されています。平成26年（2014）に考古展示室で行われたテーマ展「松山城下図屏風の世界」では、平成25年（2013）に新しく発見された屏風から、近世都市としての松山とその移り変わりについて紹介されました。平成22年（2010）開催の特別展「伊予の城めぐり――近世城郭の誕生」では松山城だけでなく、大洲城や松山城と同様に江戸時代の天守がそのまま残っている宇和島城などをもとに、伊予の城郭文化について紹介されました。平成29年（2017）には松山城の初代城主である加藤嘉明と、今治城を築いた藤堂高虎を題材にした特別展「高虎と嘉明――転換期の伊予と両雄」が開催されました。

『**東海道西国筋図巻**』（部分）　江戸から九州の対馬までの城郭や神社仏閣などが記された図巻。（愛媛県歴史文化博物館蔵）

　さらに同館では、松山城だけでなく松山藩に関する調査や啓発活動も進められています。平成21年（2009）には考古展示室にて、「武家屋敷出土の遊びと装いの道具」と銘打ったテーマ展が催されました。同展は、松山城下に所在したとされる、松山藩の武家屋敷の県民館跡地や、番町遺跡2次調査出土史料をもとに、当時の遊びや園芸など江戸時代の武家屋敷の暮らしが特集されました。

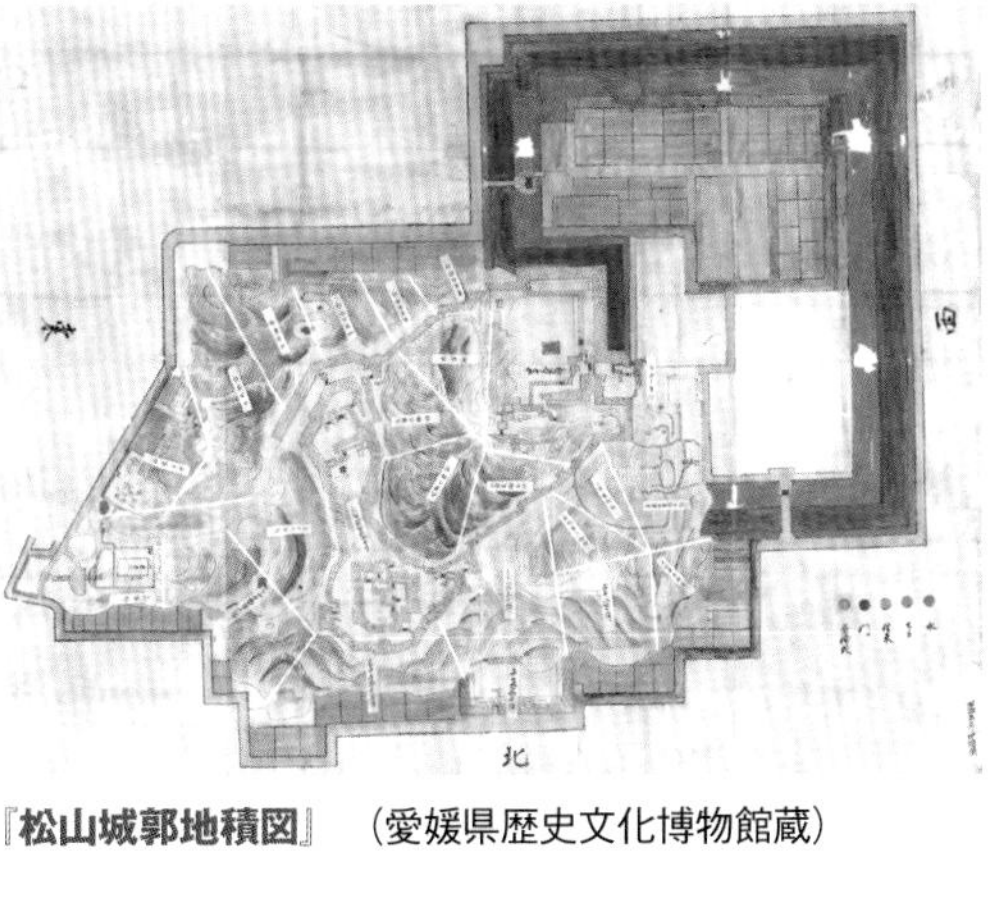

『**松山城郭地積図**』（愛媛県歴史文化博物館蔵）

　松山城に関する知識は、松山を訪れれば知ることができます。さらに深く知識を学びたい場合は、少し足を延ばして愛媛県歴史文化博物館を訪れるとよいでしょう。

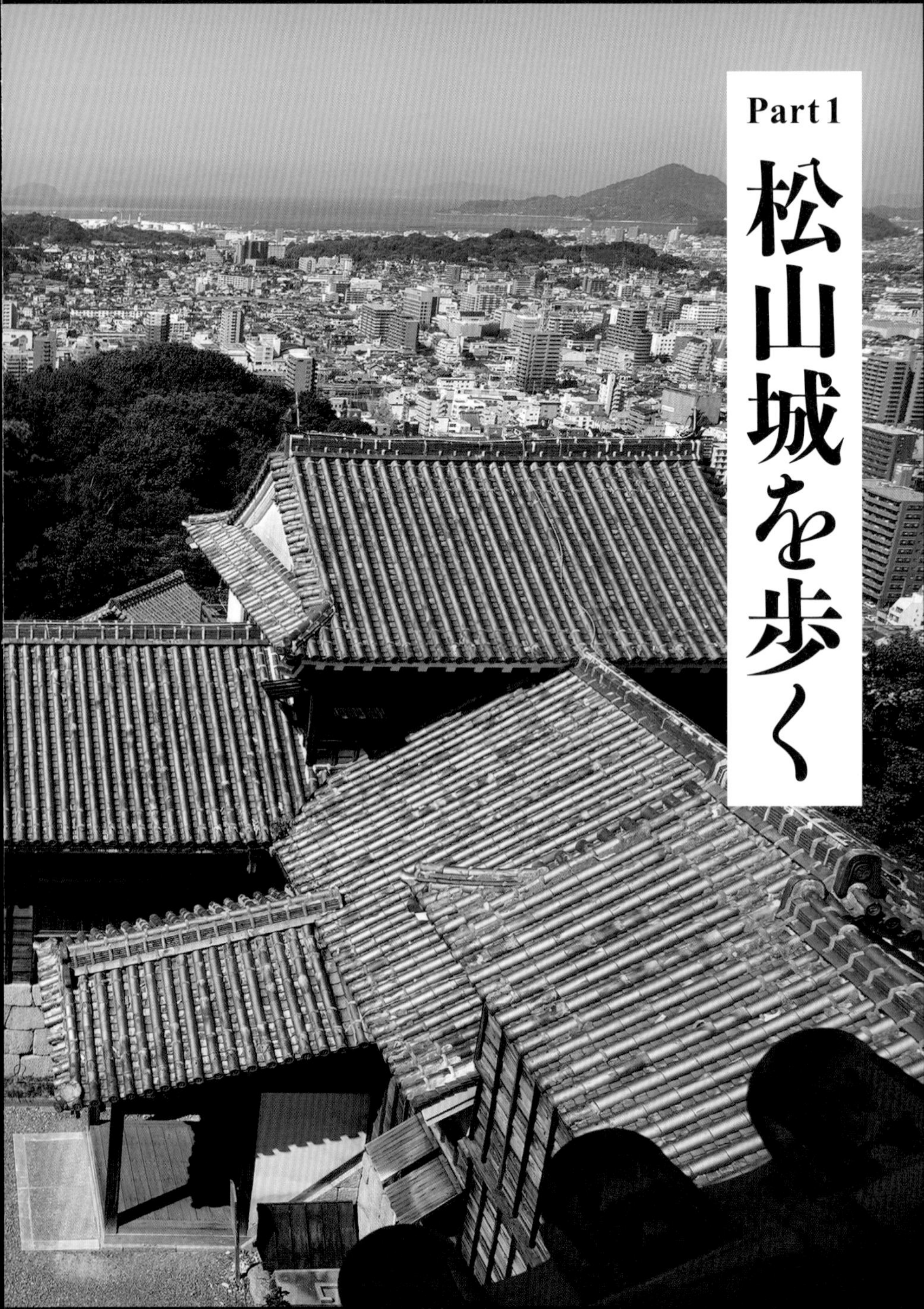

Part 1

松山城を歩く

天守から西の眺望

松山城地図

松山市の中心にそびえ立つ勝山の麓には、藩政期の地割りが色濃く残る三之丸が広がる。黒門口登城道から二之丸へと進み、山壁に沿った登り石垣や、屏風折れの石垣など、壮大な石垣に沿って勝山頂上の本壇・本丸へと向かう。多数の門や櫓、塀、近代城郭建築の最終形ともいえる天守などをめぐる。

N
古町口登城道
START
本町三丁目駅
勝山
伊予鉄道市内線
外堀
北側入口
土塁
三之丸御殿跡
大井戸遺構
四脚門
黒門口
登城道
栂門跡
大書院跡
歩兵第22連隊
跡の石碑
黒門跡
槻門跡
奥御殿跡
流水園
観恒亭
二之丸多聞
(多聞櫓)
勝山亭
林泉庭
聚楽亭
表御殿跡
柑橘・草花園
三之丸
(堀之内)
二之丸
(二之丸史跡庭園)
愛媛県庁
東御門跡
松山市民会館
本町一丁目駅
愛媛県美術館
市役所前駅
南堀端駅

城内 1

藩主の屋敷がつくられた平地の曲輪「三之丸」

城を取り囲む「外堀」と「土塁」

伊予鉄道「本町三丁目」駅から南へ進み、最初の曲がり角を左折（東）すると、正面に山が見えます。松山城は、この「勝山（城山）」の山頂に本丸、裾野に二之丸、三之丸がある平山城です。

曲がり角を曲がってすぐの右手（南）には、三之丸を囲む「外堀」と「土塁」が見えます。外堀の幅は、文久3年（１８６３）の古地図によると、西の堀と南の堀が20間（約40メートル）、北の堀は18間半（約37メートル）と示されています。しかし、明治44年（１９１１）に伊予鉄道が電化したあと、堀はたびたび埋め立てられており、たとえば三之丸の西入口がある辺りの堀の幅は、約31メートルに縮小されています。

松山城が築城された当時、土塁は堀を掘削した土を使い構築したとされています。そのため少なくとも堀の深さは、両者の幅にもよりますが、土塁の高さと同程度の深さでもおかしくありません。しかし、先ほどの文久3年の古地図によると、堀の深さはどこも土塁の高さ5メートルよりかなり浅く、月日が経つにつれて土砂の流入などにより、堀が少しずつ埋まってしまったと推察できます。

外堀と土塁　外堀は土塁と一体的に設けられている。

大手門があったとされる北入口

そのまま道を東へ進み、北堀の終わりを右（南）に

上空から見た三之丸　城山公園堀之内地区を望む。

曲がり、北入口から三之丸へと入ります。三之丸は、通称「堀之内《ほりのうち》」とも呼ばれています。北側入口から入り、三之丸の敷地に入ってすぐの辺りには、松山城の大手門の1つと考えられる「北御門《きたごもん》」があったとされています。現在、北御門の跡地を示す石碑などはありませんが、近年の発掘調査の結果、北御門の位置や大きさがほぼ判明しています。北御門があった頃は、門から東にも外堀と土塁が延びていましたが、第二次世界大戦前後には埋め立てられてしまいました。

三之丸は、慶長7年（1602）の本丸、二之丸の築城に次いで着工されたと考えられます。当時は、「両大手」ともされる北御門と「東御門《ひがしごもん》」の2か所が出入口になっていましたが、明治になって西と南にも出入口がつくられ、四方から三之丸へ入ることができるようになっています。

4代藩主・定直が築いた「三之丸御殿」

北御門があったとされる場所のすぐ左手（東）にある空き地が、「三之丸御殿跡」です。三之丸御殿は、貞享4年（1687）に4代藩主である松平定直《まつだいらさだなお》に

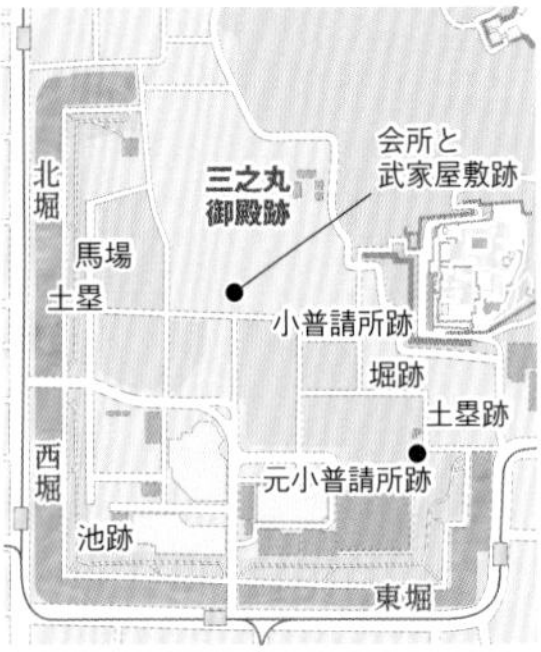

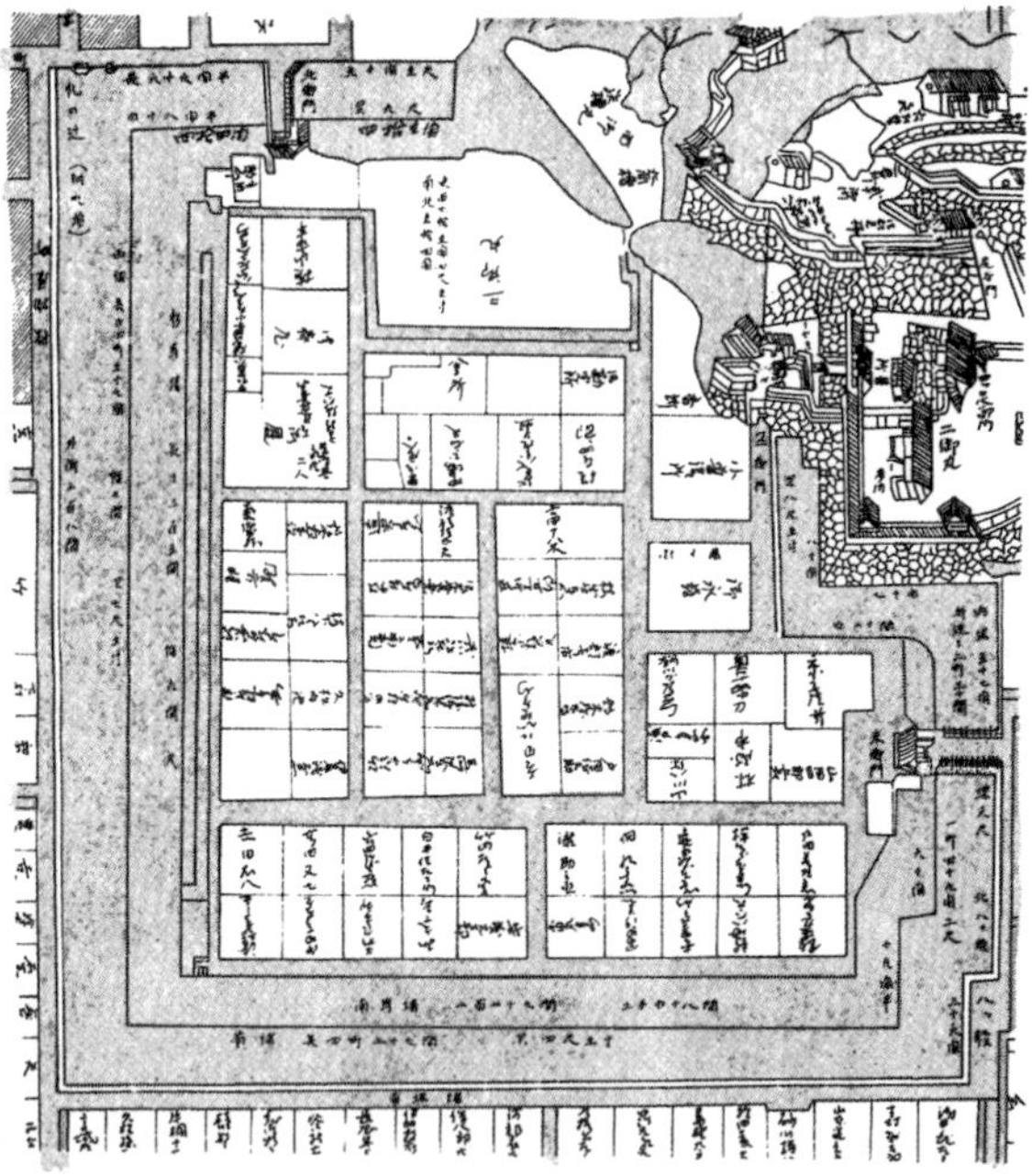

『三之丸古図』 三之丸にあった施設がわかる古地図。失われた内堀や創建当時の外堀、土塁の長さがわかる。上の現在の松山城三之丸の地図と右の図を比べると、現在も当時の地割りが再現されていることがわかる。(『松山城』松山市役所発行より転載)

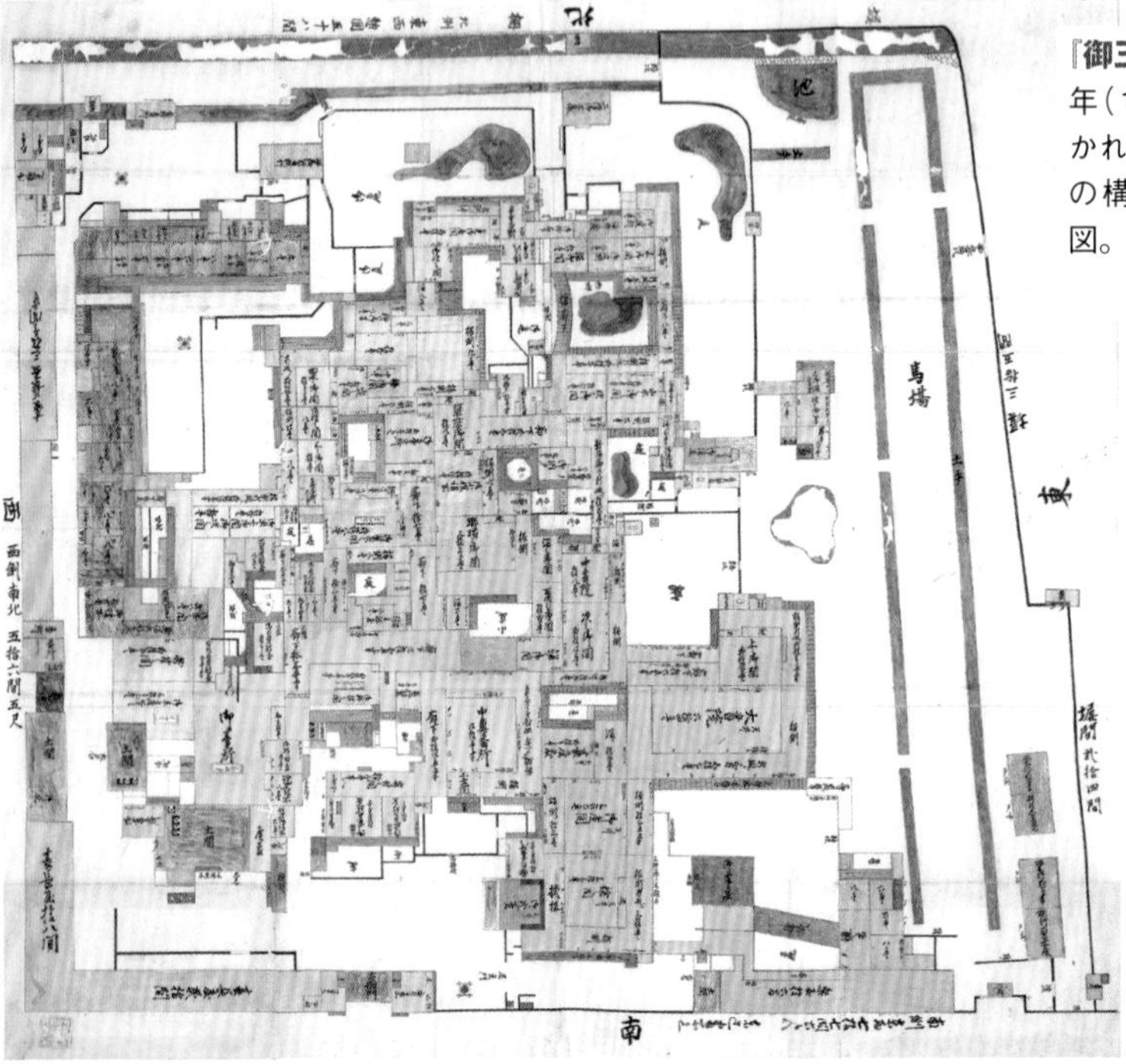

『御三丸図』 天明3年(1783)以前に描かれた、三之丸御殿の構造を示した絵図。(伊予史談会蔵)

よって新設されました。それ以降は、藩政の中心が二之丸御殿から三之丸御殿へと移され、それに伴い二之丸御殿は、藩主の世継ぎの住居などとして用いられました。

三之丸御殿は、東西に75間（約150メートル）、南北に54間（約108メートル）の広さがありました。御殿の東側には64畳敷の大書院や馬場がつくられ、庭園や能舞台なども置かれていたといわれています。また、三之丸御殿の周辺には「勘定所《かんじょうしょ》」や「小普請《こぶしん》所《じょ》」などの役所も置かれていました。

三之丸御殿での発掘調査では、周囲の石垣などの遺構が見つかっています。調査前は、のちに陸軍の施設が設けられていたため、三之丸で遺構は見つからない可能性も考えられていました。

歩兵第22連隊司令部などに使われた御殿跡

慶応4年／明治元年（1868）、旧幕府側と見なされていた松山藩は、新政府側に恭順《きょうじゅん》することを選び、松山城は新政府側の土佐藩が管理することとなりました。明治2年（1869）の版籍奉還のあと、三之丸御殿が松山藩庁として開庁されますが、翌年に焼失し、藩庁は二之丸御殿へと移されました。

明治6年（1873）、松山城は廃城令の対象となり、大蔵省が管理することになります。この頃、愛媛県が誕生したことをきっかけに、今治に移転していた県庁が、再び三之丸内に開庁されることになりました。

明治10年（1877）、三之丸跡が陸軍省によって買い上げられ、翌年には丸亀の歩兵第12連隊の一個大隊が駐屯することになります。そして、明治19年（1886）には陸軍の歩兵第22連隊司令部が置かれるなど、軍の施設として利用されていました。三之丸御殿跡を過ぎて、枝分かれする道を右手（南西）に折れると、歩兵第22連隊が三之丸を使用していたことを示す、歩兵第22連隊跡の石碑が立っ

歩兵第22連隊跡の石碑

ています。

戦後、昭和23年（１９４８）に本丸や二之丸、三之丸などが「城山公園」として告示され、松山総合グラウンド計画のもと、三之丸跡に陸上競技場や野球場、庭球場などのスポーツ施設がつくられました。その後、平成12年（２０００）に「城山公園（堀之内地区）整備計画」がまとまり、以降その計画に沿って多くのスポーツ施設が移設撤去され、藩政期の遺構や発掘調査の成果を生かした史跡景観の残る公園を目指し、現在も整備が進められています。

藩主を守る重臣の町「中ノ町」

三之丸には御殿や役所のほか、武家屋敷も建てられていました。武家屋敷が集まる南側は、当時「中ノ町」と呼ばれていました。

一般に松山城周辺には、身分の高い武士が住まいを構えていました。そのなかでも、中ノ町をはじめとする三之丸や北御門などの門の周辺には、藩主に近い重臣や上級武士たちが住まいを構えていました。

三之丸跡には、愛媛県美術館や松山市民会館など新

中ノ町と呼ばれた場所の写真（松山市教育委員会提供）

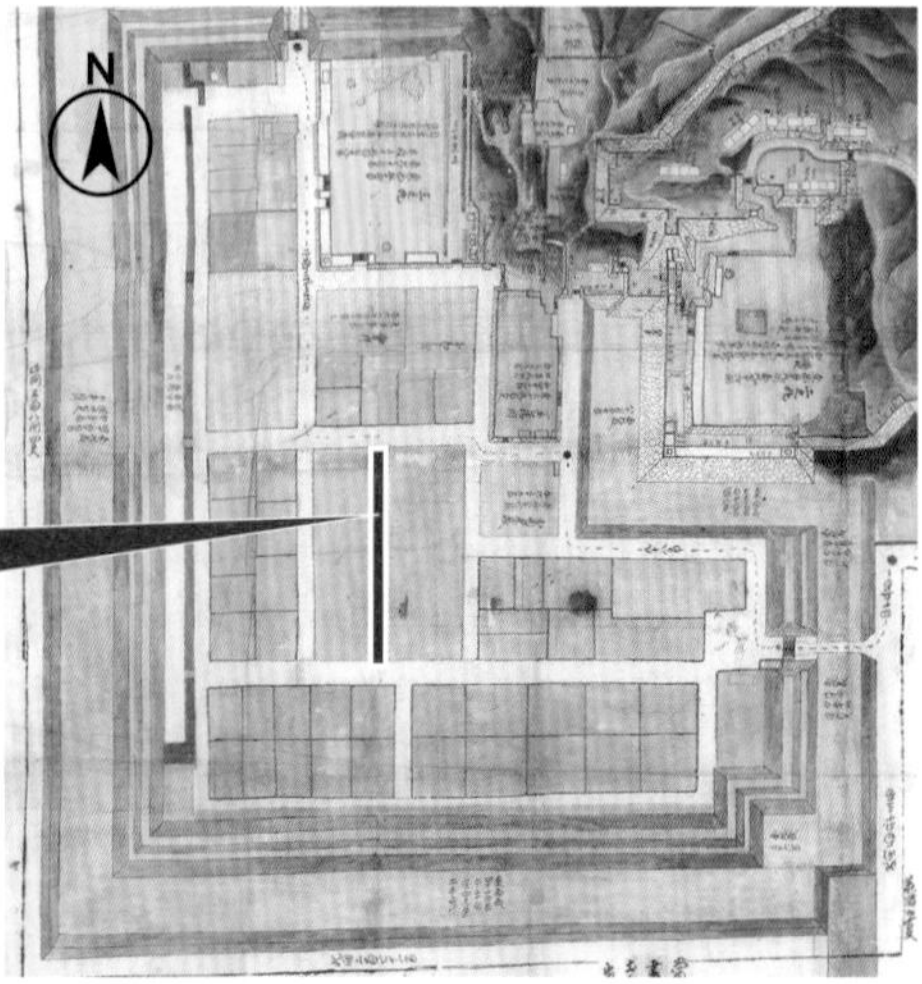

『亀郭城秘図』（部分）　上の絵図に示した位置が左写真の道路。この道路の両側には、家臣たちの屋敷が立ち並んでいたとされる。（伊予史談会蔵）

中ノ町付近に再現された側溝

しい建物が建てられているものの、発掘調査成果や古絵図などを手がかりに、園路で江戸時代の地割りを再現しています。また、発掘調査により、江戸時代の道路両脇には基本的に石組側溝を伴うだけでなく、接する施設によって、数種類が使い分けられていたこともわかりました。そのため、園路整備の際には、調査成果を反映した石組側溝が整備されています。

二之丸への侵入を阻む「内堀」

側溝沿いに東へ進むとT字路に出ます。左（北）に見えるのが「黒門《くろもん》跡」です。松山城が築城された当時、二之丸へと続く唯一の入口でした。この黒門跡の付近には小普請所や米蔵など、重要な役所が置かれていました。

三之丸には二之丸の石垣を囲む「内堀」と土塁がありましたが、昭和24年（1949）頃までに衛生上の観点などから埋め立てられています。外堀も埋め立てる計画がありましたが、住民の反対運動によって保存されることとなりました。現在、内堀の跡地は駐車場などとなっており、二之丸の石垣に沿って道路が通っています。

この埋め立てられた内堀の南側に、東御門がありました。現在も石垣などの遺構が残り、「東御門跡」として案内板が置かれています。

東御門跡　北に土塁跡があるが、今は駐車場となっている。

城内 2

御殿跡が庭園になった「二之丸」

本丸へ至る4つの登城道

現在、松山城を訪れた際に本丸まで向かうルートは「東雲《しののめ》口登城道」「県庁裏登城道」「古町《こまち》口登城道」「黒門口登城道」の4つです。しかし松山城創建当時、二之丸を通って本丸へ向かうことができるのは、大手道である黒門口登城道だけでした。

松山城築城の資材運搬などのためにつくられたと考えられているのが、東雲口登城道です。現在一番整備されている道で、本丸へ向かうロープウェイやリフトも設置されています。

古町口登城道は裏道で、松山城のある勝山の西側の麓から石段を登っていくルートです。明治の終わり頃につくられました。古町口登城道は二之丸につながっておらず、本丸へ至るのみの道です。

県庁裏登城道も明治の終わり頃にできた道です。この道は二之丸から本丸へ向かうためにつくられましたが、県庁裏から二之丸へ登ることができるようになるのは、二之丸の下の石垣を囲んでいた水堀が埋め立てられてからになります。創建当時は本丸へ至るのみの道だった東雲口登城道ですが、県庁裏登城道ができてからは、二之丸へも進むことができるよ

黒門跡　写真左手(西)に見える石垣は、近代になって上部石材が取り外された。

うになりました。

　黒門口登城道の入口にある黒門跡東側の石垣は、二之丸の石垣の北端まで続いています。二之丸側から西へ突き出すような形になっている石垣の上には、渡《わたり》塀《べい》が続いていました。黒門跡の西側の石垣の上にも同様に渡櫓が続いていました。

石垣に囲まれた黒門口登城道内部　右左折を繰り返して槻門まで進む。

槻門跡の石垣　写真右側の石段は、正面から見るとわかりにくいが、迷路のようなつくりになっている。

最も堅牢だった門の名残「槻門跡」

　黒門口登城道をしばらく登ると「槻門《けやきもん》跡」に到着します。本丸への登城口も兼ねていた槻門は二重2階の櫓門で、城内で最も堅固な門でした。黒門跡と同様に取り壊されており、復元はされていません。しかし、当時の石垣が今も残されており、敵の侵入を阻む門の大きさを想像することができます。

　槻門は西側を向いて建っていました。門の北側にある城内で最も高い約20メートルの石垣の上には西大砲台が、南には渡塀があったとされています。古文書などによると、門は上部に二重の櫓を載せていました。南側は2階に、北側は3階の高さに平櫓が続くなど、規模が大きく堅牢な門でしたが、明治時代に取り壊されました。

　黒門口から槻門までの登城道を歩いてみると、一直線ではないことがわかります。黒門口を通って東に曲がり、栂門《つがもん》を通ると、槻門までの間に5回も曲がることになります。通路は大人の背丈をゆうに超える石垣に囲まれていて、敵が侵入すれば四方から攻撃を受けることになるため、攻めにくい構造になっています。

御殿の防御設備「二之丸多聞」

槻門跡を抜けたところにある分かれ道を、右（南）に曲がると、二之丸史跡庭園への入口である「二之丸多聞（多聞櫓）」が左（東）に現れます。二之丸御殿があった場所には、高さ約4メートルの石垣が南北に約120メートルつくられており、二之丸多聞はその中央に設置されていた防御設備でした。両隣には長い櫓が延び、ここから二之丸御殿に入ることができるようになっていました。

そのほか二之丸御殿の防備は、東南隅につくられた二之丸巽櫓から、東隅櫓や西隅櫓、槻門南続櫓まで続いていた渡塀が担っていました。二之丸御殿の南側と西側に高さ約13メートルの石垣を普請し、その上に東隅櫓と西隅櫓を載せ、渡櫓で連結していました。しかし、現在はこれらの櫓は取り壊されてしまい、遺構を見ることはできません。

二之丸多聞をくぐり庭園内に入ると、最初に二之丸多聞の櫓の内部を見ることができます。櫓内では二之丸御殿の模型などの展示物や、矢狭間《やざま》、石落としを見ることができます。

間取りを水で再現「奥御殿跡流水園」

二之丸多聞をあとにして二之丸史跡庭園に入ると、左手（北）に「聚楽亭《じゅらくてい》」が見えてきます。聚楽亭と、後述する「観恒亭《かんこうてい》」「勝山亭《かつやまてい》」は、茶会や句会などの催しに利用できる有料施設となっています。

聚楽亭を過ぎ、左

奥御殿跡流水園

（北）に曲がると目の前には「奥御殿跡流水園」が広がります。かつて二之丸には、藩政の中心としての役割を担う「表御殿」と、藩主の家族の住居である「奥御殿」がありました。奥御殿流水園では、水を使って奥御殿の間取りを再現しています。

二之丸は慶長6年（1601）に、加藤嘉明が徳川家康から勝山に築城する許可を得て、慶長7年（1602）に、本丸とともに普請が始まりま

二之丸西隅櫓と槻門古写真（部分）（小沢健志氏蔵）

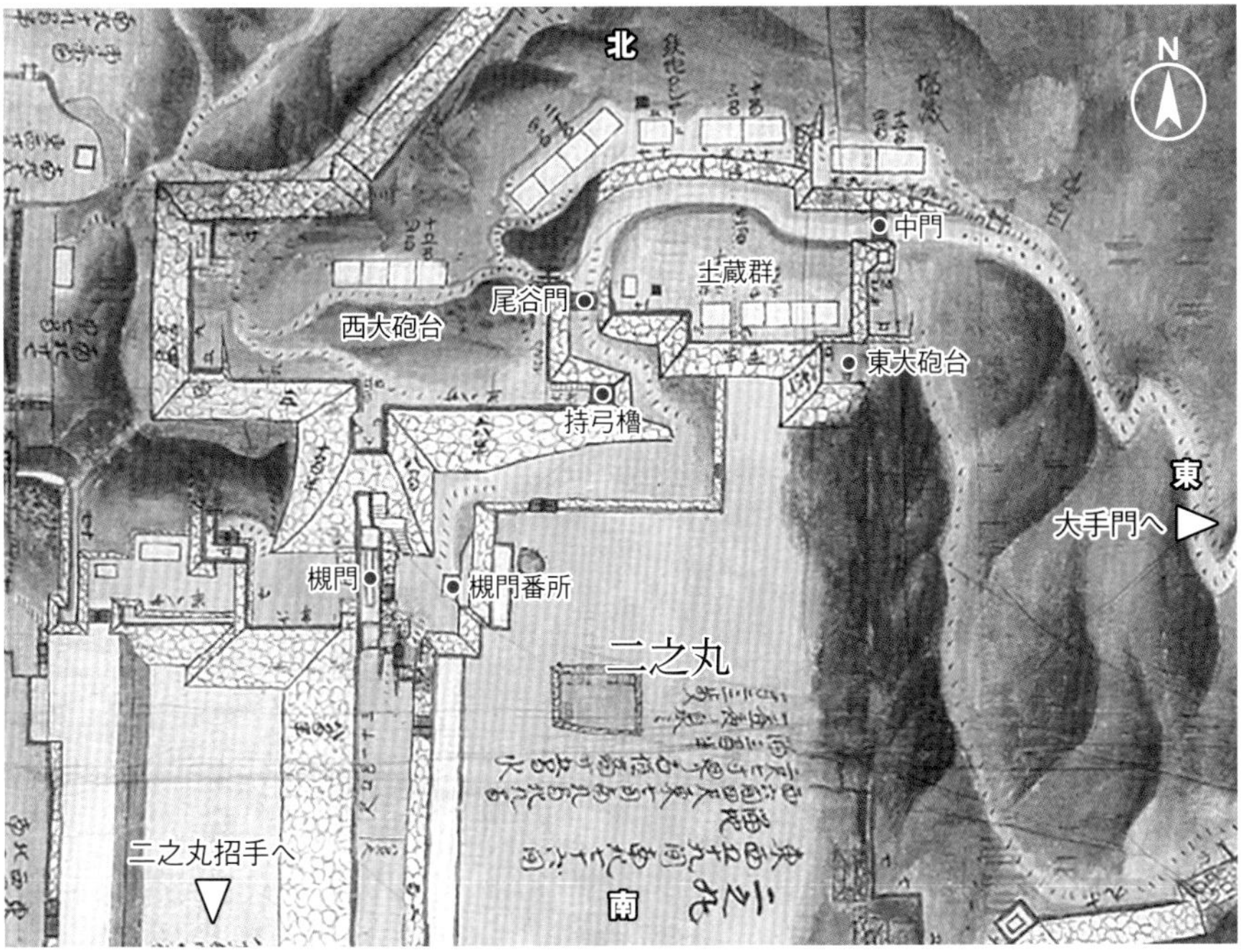

『亀郭城秘図』（部分）　槻門の北側に西大砲台が置かれ、二之丸への侵攻を防ぐ防御設備が充実していたことがわかる。（伊予史談会蔵）

二之丸史跡庭園の遠景

した。しかし、完成が目前となった寛永4年（１６２７）に、加藤嘉明は会津若松に移封となってしまったため、あとを引き継いだ蒲生忠知《ただとも》が、松山城の普請を完成させます。この際、二之丸御殿も完成したのではないかとされています。

病院や中学校があった「御殿跡」

三之丸に御殿ができると、二之丸御殿は藩主の世継ぎなどが暮らす場所となります。明治維新を迎えた以降も残っており、明治5年（１８７２）に石鉄県庁《いしづちけんちょう》となっていました。しかし、同年の火災で焼失します。

その後、陸軍の衛戍《えいじゅ》病院となり、昭和20年（１９４５）に「国立松山病院（現在の四国がんセンター）」が二之丸跡に開かれます。この病院は昭和24年（１９４９）に三之丸跡に移転しました。

昭和26年（１９５１）になると、御殿跡に「城東中学校」ができます。中学校は昭和58年（１９８３）に統廃合され移転するまで、二之丸跡にありました。

間取りを植物で再現「表御殿跡柑橘・草花園」

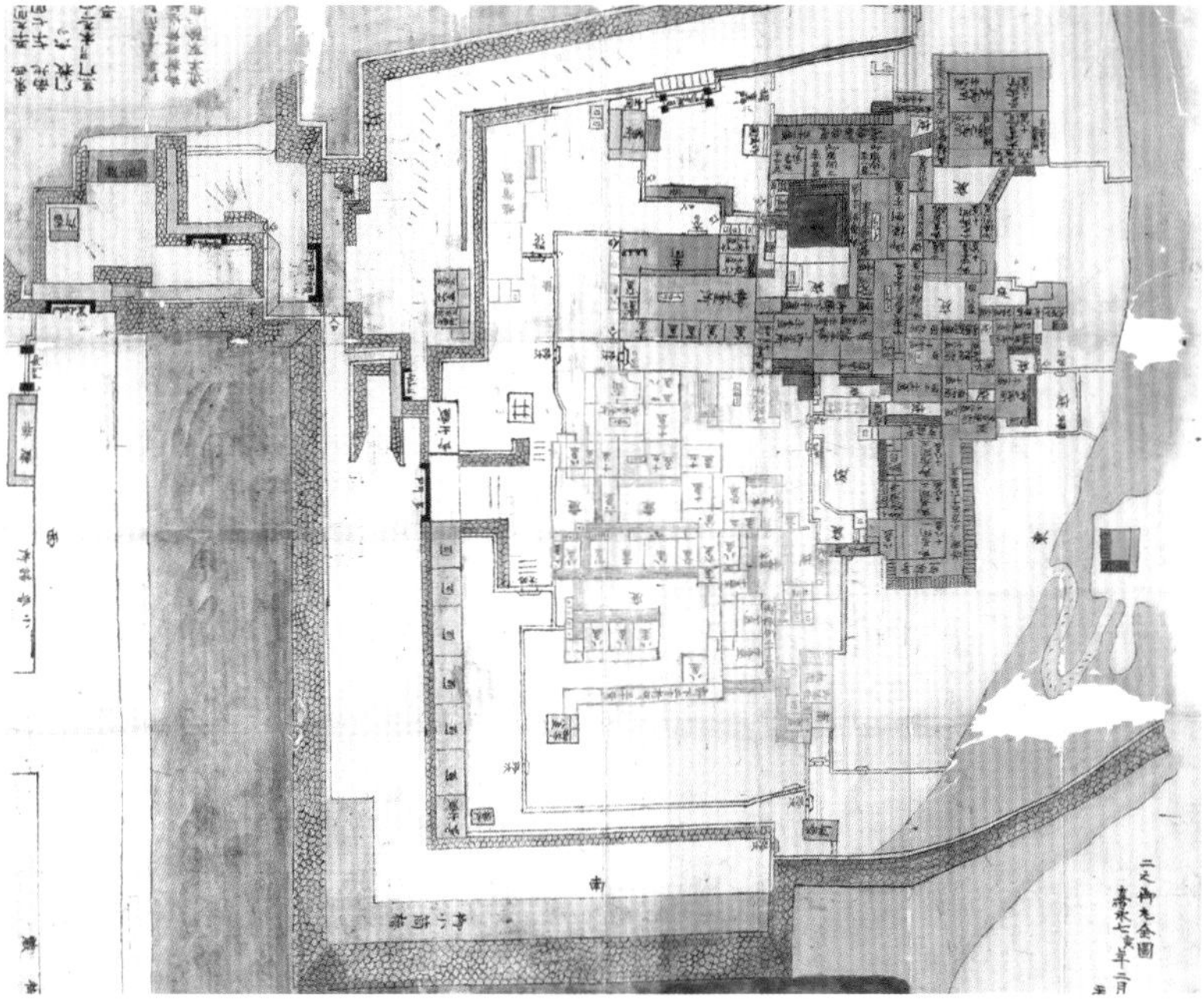

『**二之御丸全図**』（部分）文化14年（1817）に描かれた、二之丸御殿の全図。現在の二之丸史跡庭園が、当時の御殿の間取りを再現していることがわかる。（伊予史談会蔵）

奥御殿跡流水園を通り抜けると、南側には池や滝で「わび」「さび」を表現した「林泉庭《りんせんてい》」が現れます。その反対側（北）に見えるのが、「表《おもて》御《ご》殿《てん》跡《あと》柑橘《かんきつ》・草花《くさばな》園《えん》」です。表御殿には、御居間《おいま》や大書院など、藩政に関わる施設がありました。現在は温州みかんやデコポンが植えられるなど、さまざまな種類の柑橘類や草花が生育する庭園となっています。そして、この柑橘類

林泉庭

表御殿跡柑橘・草花園　部屋ごとに、温州みかんやデコポン、ポンカンなどさまざまな柑橘類が植えられている。

と草花を植え分けて、当時の表御殿の間取りが再現されています。

まずたどり着くのが、「御居間」を再現した庭園です。手前から、御居間（一の間）、次御間（二の間）、三の御間と縦に並んでいます。

真ん中に位置する次御間の隣には「御帳台《みちょうだい》」と呼ばれる座敷飾りが設けられていました。居間は城主の私的な部屋として使われるのが一般的ですが、御帳台があったことから、次御間では家臣との接見も行い、御居間のみが城主個人の利用する部屋だったと思われます。

御居間の右手（東）には、小堀遠州《こぼりえんしゅう》により考案されたという「水琴窟《すいきんくつ》」と観恒亭が見えてきます。そのさらに東側の石段を登ると勝山亭へと進むことができますが、今回は二之丸庭園を北へ進んでいきます。

御居間を過ぎ、少し北へ進むと「大書院跡」があります。書院とは、御殿のなかで最も重要な公式儀礼を行う場所です。学問の講義や、能、連歌会、具足披露などの行事が行われたとされます。大書院跡も、柑橘類の樹木で当時の間取りが再現されています。

昭和に発見された巨大な「大井戸遺構」

大書院跡の南西側には、柵で囲われた大きな穴があります。これは、「大井戸遺構」と呼ばれる国内最大

大井戸遺構　発掘調査の際に、ペンダントに加工した痕跡があるロシアの金貨が見つかっている。

級の井戸もしくは池の遺構で、東西に約18メートル、南北に約13メートル、深さ約9メートルの巨大なものです。おもに防火のためにつくられたものだと考えられており、発掘調査で御殿基礎の胴木《どうぎ》や排水路などの遺構も見つかっています。

大井戸遺構は、昭和59年（１９８４）と翌年の発掘調査によって発見されました。それまでは城東中学校の敷地となっており、その姿を確認することはできませんでした。

枡形《ますがた》の貯水池となっており、当時は大井戸の東半分には表御殿がつくられていました。その基礎となった梯子胴木《はしごどうぎ》は、現在も残っています。ほかにも北東隅と北西隅に水汲み用の石段があったことがわかっています。

御殿の正門であった「四脚門」

大井戸遺構の少し西側には、二之丸御殿の正門となる「四脚門《よつあしもん》」があります。藩主が本丸へ登城する際にも使われていた門で、黒門口を登って四脚門から入ると、右手（西）に番所があり、左手（東）に玄関があったとされています。

棡門と比べると四脚門は簡素なつくりになっています。武家や公家の屋敷によく見られたつくりで、軒裏は漆喰を塗り防火性を高めるなどの工夫が施されています。また、城内では数少ない4本の柱で切妻《きりづま》屋根を支える「薬医門」と呼ばれる形式の門です。

四脚門

城下町外に寄り道

軍事交通の要衝として戦に耐えた「松前城」

初代松山城主である加藤嘉明の、かつての居城である「松前城」。現在、城の跡は消失しているが、南北朝時代から多くの戦火を乗り越え、嘉明は同城から朝鮮に出兵するなど、数多くの歴史を刻んできた。

中国地方や東九州からの侵攻に備えられた創建時代不明の砦

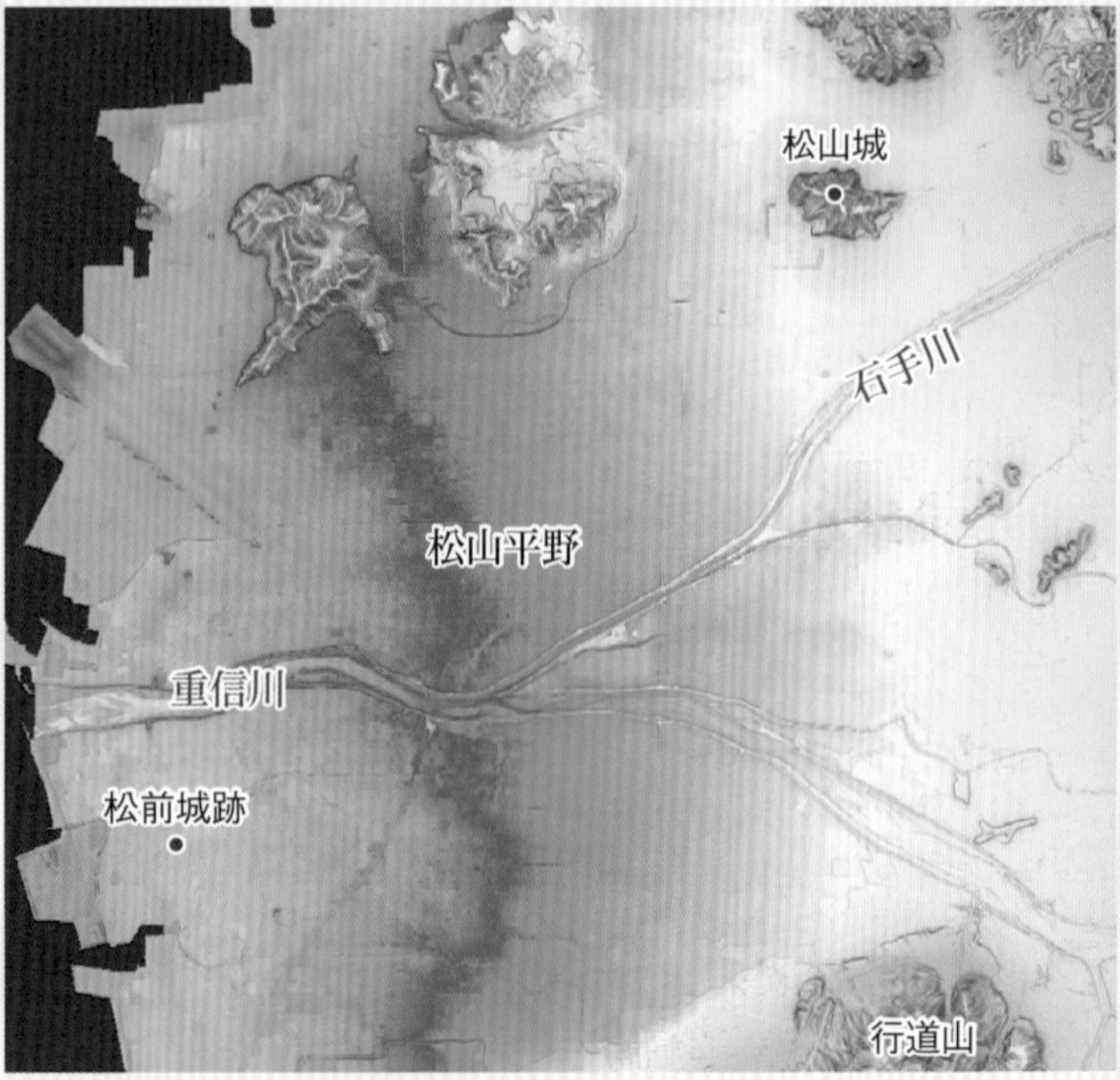

松山城と松前城との位置関係

松山城の南西に位置する松前《まさき》町には、「松前城跡」があります。松前城はかつて、松山平野を東西に流れる伊予川（現在の重信川）の南側に建っていた城です。文献や史料によっては、正木城や真崎城、松崎城とも表記されることがあります。

松前城の南方には、行道山《ぎょうどうさん》を中心とした400メートル前後の山並みが東西に続いており、東部には松山平野が広がります。松前城の北方からは海岸沿いに広島県と山口県の両県の島々を望むことができ、南西の海岸沿いには森城や由並城《ゆなみじょう》、海辺城《かいへんじょう》を遠望することができた城でした。その立地条件から、松前城は中国地方や東九州地方からの敵の侵入を防ぐ目的があったと考えられています。

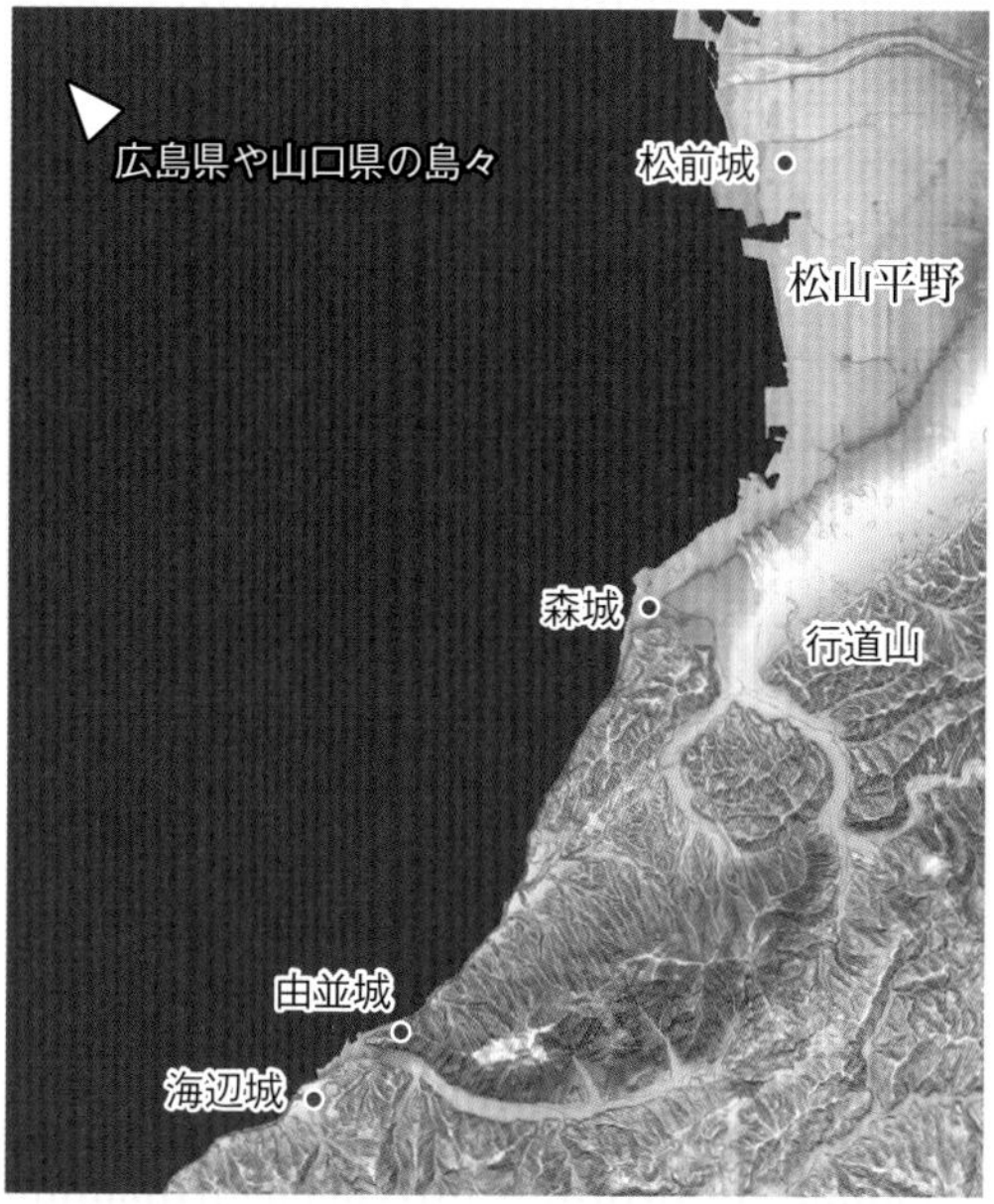

松前城の立地

松前城の築城年は、明らかになっていません。しかし、伊予川の土砂運搬作用と、伊予灘の波浪作用によって、この周辺の海岸に形成された砂丘を活用して築城されたものとされています。また、平安時代の初期には、すでにこの周辺に性尋寺《しょうじんじ》（現在の金蓮寺《こんれんじ》）があり、軍事交通の要として境内に砦が設けられたことが始まりだという説があります。

少なくとも同城は、南北朝時代にはすでに存在したものと考えられています。大山祇《おおやまづみ》神社の社家・三島家に伝えられている古文書である『三島家文書』のうちの1通には、南朝方（後醍醐《ごだいご》天皇に属する朝廷）の合《ごう》田《だ》弥《や》四郎《しろう》貞遠《さだとう》が、松前城に籠城していたことが記され

金蓮寺　かつては定善寺と呼ばれており、松前城の祖となった寺と伝えられている。（『文化財あんない』松前町教育委員会発行より転載）

ています。前述した1通とは、社家の一族で御家人でもあった祝《ほうり》彦三郎《ひこさぶろう》安親《やすちか》が、みずからの合戦での手柄を報告した史料です。

同城は建武3年／延元元年（1336）に、足利方の武将であった河野《こうの》通治《みちはる》が率いる軍の武将・祝彦三郎安親の攻撃により落城しました。合田弥四郎貞遠は、明神山の稜線最西端に位置する、由並城に敗走したと伝えられています。

その後、松前城は正平23年／応安元年（1368）に北朝方の宍草《ししくさ》入道《にゅうどう》出《で》羽守《わのかみ》が護衛しましたが、河野通直《みちなお》の攻撃によって再度落城し、河野氏が支配することになりました。以後、河野氏の軍を指揮する栗上《くりがみ》通《みち》宗《まさ》の居城となります。しかし、天正13年（1585）に豊臣秀吉の四国征伐による小早川隆景に攻撃され、城を明け渡すこととなります。

文禄年間（1592～96）には、秀吉の家臣だった栗野《あわの》秀用《ひでもち》が7万石の領土を治めて、松前城に居城していました。しかし、当時政務をつかさどる重職であった豊臣秀次に関連した事件で、治めていた領地が没収されることとなります。

秀用の領地没収と入れ替わりとなる文禄4年（1595）7月、加藤嘉明が淡路《あわじ》志智《しち》城《じょう》から6万石をもって移り、松前城を居城にしたとされています。その際に、金蓮寺は現在の地に移転しました。

足立重信の肖像画　出典：「重信川の歴史」（国土交通省ウェブサイト）

慶長5年（1600）、関ケ原の戦いの戦功によって、20万石もの領土が与えられた嘉明は、慶長7年（1602）に松山城を築城し、その翌年に松山城の初代城主となりました。

しばしば洪水を引き起こしていた伊予川の改修を、嘉明が家臣である足立《あだち》重信《しげのぶ》に命じたことから、伊予川は「重信川」と呼ばれるようになりました。また、松前港の拡張も行い、これらは6年にわたる大工事でした。

松前城主の留守を狙って侵攻した河野・毛利の「刈屋口の戦い」

嘉明が居城していた当時の松前城は、本丸が東西約90メートル、南北が約120メートルもの広さだったと記録されています。また、二之丸の敷地は、東西約90メートル、南北約250メートルで、内堀と外堀がありました。諸国の大名・旗本の監視と情勢調査のため江戸幕府が派遣した巡《じゅん》見使《けんし》による叙述をまとめた『西《さい》海巡見志《かいじゅんけんし》』によると、外堀は西と北、東の3方向に入江があったとされています。また『松前城古図』では、外堀と内堀の間に石垣が築かれていたことが明らかとなっており、外堀と石垣、内堀とで防御策が3つも重ねられていることがわかっています。外海へと通じる東部の外堀は、

松山城の乾門　松山城の搦手に設けられた門。松前城から移築されたとされている。

松山城の筒井門　松山城の大手に設置されている門。乾櫓同様に、松前城から移築されたといわれている。

砂丘間の低湿地を利用して開削したもので、船留めがあったとされています。

慶長2年（1597）に、嘉明は同城を根拠地とし、2400あまりの兵を率いて、朝鮮に出兵しました。また、関ケ原の戦いで東軍として参戦した嘉明の留守を狙って、お家再興と領地奪還をたくらんでいた河野通軌《みちのり》らや、芸州広島城の城主であった毛利輝元の武将、宍戸善左衛門、村上掃部《かもん》元吉、曽根兵庫、能島《のとう》内匠頭《たくみのかみ》らが、松前城を攻めました。このときに毛利勢が率いていた兵は、2000兵とも、3000兵に達するともいわれていますが、実際の数は明らかとなっていません。嘉明の弟である加藤忠明と佃十成《つくだかずなり》らは松前城を死守し、三津城の宍戸氏を攻撃するなどしました。このときの戦いは「刈屋口の戦い」と呼ばれています。

松前城から運ばれた城石　二之丸庭園の駐車場南側石垣の一部。刻印から、松前城から運ばれたものと考えられている。(『松前町にかかわる近隣の史跡・文化財等』松前町教育委員会発行より転載)

二之丸の巨木「龍燈の松」の倒壊
廃城後は工場誘致などで城跡消滅

東軍の勝利によって幕引きとなった関ケ原の戦いのあと、20万石の大名となった嘉明は、松前の地が戦略上不利な点が多く、支配地としては適さないと判断しました。そして、慶長8年（1603）に完成した松山城へと居城を移します。

松山城へは、松前城の門や石垣などが運ばれました。「筒井門」（現在のものは昭和の再建）などもまた、松前城から運ばれたと伝えられています。松前城で使用されたものが再利用されるという事例は、松山城に限らず、松山市内にある「正円寺《しょうえんじ》」の「山門」と3つの「庭石」もまた、松前城から移されたものとされています。山門に使用されている金具は、松山城のものと同じものが使われています。

嘉明が松山城へ居城を移して間もなく、松前城は廃城となりました。嘉明が松前城の城主だった期間は、文禄4年から慶長8年までの8年間です。

天保以降、松前城の二之丸は明治期の末に耕地化され、残土を盛った場所が現在の松前城跡となります。明治42年（１９０９）に実施された耕地整理によって、その様相は一変し、大正11年（１９２２）11月23日に発生した嵐により、「龍燈《りゅうとう》の松」が倒壊しました。龍燈の松は、かつて松前城の二之丸付近にあったマツの巨木です。倒木する前までは、樹齢３３８年だったとされ、松前港に向かう漁船が遭難した際には、このマツの上に火を灯し、漁船を導いたとされています。倒れた龍燈の松の年輪には、松前城の変遷と、城下町としての松前の歴史が刻まれています。また、昭和13年（１９３８）になると、工場誘致に伴い、本丸古城跡も工場の敷地となって消滅しました。

そのほか、耕地化などもあり松前城をしのぶものがなってしまったので、龍燈の松倒壊から３年後の大正14年（１９２５）10月に記念碑が建てられ、現在もその場所に松前城の面影をしのぶことができます。

正円寺の山門　松前城で使用されていた門が移築されたものと伝えられている。（『松前町にかかわる近隣の史跡・文化財等』松前町教育委員会発行より転載）●伊予鉄道「道後公園」駅より／松山市正円寺1-1-11

正円寺にある庭石　門と同様に、松前城から運ばれてきたとされる3つの庭石。（『松前町にかかわる近隣の史跡・文化財等』松前町教育委員会発行より転載）

城内3

132メートルの勝山山頂に広がる「本丸」

「小谷門」の東西に延びる防衛線

二之丸史跡庭園の入口となっている多聞櫓から折り返し、槻門石垣の分かれ道を今度は北へ進みます。こちらは本丸へと続く松山城の大手道です。急な上り坂になっていて、西大砲台石垣から道が大きく右（東）に曲がっていきます。二之丸御殿の北側を通っていて、47ページで見た四脚門が右手（南）に見えます。

道の左側（北）には、西大砲台から石垣が続いています。この東端の部分にはかつて「弓櫓」が建ち、隣の「小谷《おだに》門《もん》」とともに本丸への道を守っていました。

小谷門跡

小谷門からさらに東にも石垣が続き、二之丸御殿の東側にある東大砲台までつながっていたようです。小谷門跡を抜けると、石垣の上が比較的平坦に整えられています。この辺りにはもともと倉庫群が並んでいました。二之丸が陥落したとしても、この西大砲台から続く石垣辺りを防衛線として、抵抗することが想定されました。

西大砲台の東側　約60メートルほど石垣が続く。写真右に見えるのが四脚門。

樹叢に覆われた「黒門口登城道」

西大砲台跡を越えると、本格的な山道が始まります。松山城の本丸がある勝山は標高１３２メートル、三之丸のある堀之内は海抜20メートルほどなので、標高差

１００メートル以上を上っていくことになります。

　現在、本丸への登城道は４つありますが、この「黒門口登城道」は、二之丸御殿から本丸をつないだ重要な登城道です。しかし、明治期に三之丸が兵営にされたことに伴い、黒門口が閉鎖され、一時は荒廃していました。現在は改修されており、大部分は江戸時代の史料を参考に復元されていて、一部には現存する石畳も見られます。

　また、黒門口登城道の周囲にはアベマキやコジイなどが樹叢《じゅそう》を形づくっています。立派な大木も目につきますが、じつはもともと勝山は禿山《はげやま》で、樹叢の木々は慶長７年（１６０２）の松山城築城以降に植えられたものだと伝わっています。実際、樹齢４００年を超えるような木はほとんどないようです。

黒門口登城道　樹叢は県の天然記念物となっていて、育った根などが城の設備を傷つけることもある。

　樹叢の豊かな植物を横目に、しばらく森の中の急勾配を進んでいくと、正面に石垣が見えてきます。この石垣の上が「本丸」です。

　本丸は高さ10メートルを超える高石垣に囲まれ、南北約３００メートル、東西約30～１８０メートルという規模を誇ります。江戸時代には、高石垣の上に石落としや狭間《さま》のある土塀の渡塀をめぐらせており、要所には櫓も配置されていました。そのうちのいくつかは国の重要文化財に指定され、現存しています。

　なお、木々を挟んで斜面側にも石垣が見えますが、これは二之丸から続いている「登り石垣」の一部です。その名のとおり、斜面を上るように築かれた石垣で、山中を通って城に侵入できないようになっています。一般的

本丸大手門下の石垣

に、朝鮮出兵の際に倭城《わじょう》の防備として生まれた手法だとされ、従軍していた初代城主・加藤嘉明が導入したと考えられています。

南登り石垣　松山城には北と南に登り石垣が築かれていた。そのうち、南はほぼ完全な姿で残る。上の写真が二之丸側から、下の写真が本丸側から撮影。

本丸を堅守する「待合番所」

さらに道なりに進むと、両側を石垣で囲まれた隘路《あいろ》に行き着きます。かつてはこの場所に本丸の「大手門」がありました。

大手門跡を抜けると、小さな曲輪に出ます。本丸主郭部への入口を守る重要な場所で、「待合番所《まちあいばんしょ》」が置かれていました。東には「揚木《あげき》戸門《どもん》」があり、現在はロープウェイが通っている「長者《ちょうじゃ》ケ《が》平《なる》」「東雲《しののめ》口」へとつながっています。つまり、勝山のどの登城道を通ったとしてもこの場所で合流することになるわけです。東雲口から敵兵が侵入してきた場合、ここで足止めし、二之丸や三之丸から

待合番所跡　写真右に揚木戸門があった。揚木戸門北側付近の石垣が本丸で最も高く17メートルに及ぶ。

大手門跡

の援軍を待つことができました。

　待合番所跡から本丸主郭方向に坂を上っていくと、正面に「太鼓櫓《たいこやぐら》」が建つひときわ高い石垣がそびえています。石垣の下で道は二手に分かれていて、正面の道の先には後述する馬具櫓《ばぐやぐら》や天守がよく見えます。右（南東）に折れると急な上り坂になっていて、「戸《と》無門《なしもん》」があります。この分かれ道の北側、太鼓櫓の西側にはかつて「中ノ門」がありました。

　正面の道は立入禁止なので、戸無門方向へ向かいます。戸無門は、控柱《ひかえばしら》に切妻造の小屋根を架けた高麗《こうらい》門《もん》ですが、その名前のとおり扉がありません。松山城に残る怪談話には、戸無門にはもともと扉があったものの、女の幽霊が夜になると「門の扉を開けてくだされ」と繰り返すため、扉を取り去ったと伝えられています。しかし実際には、鏡柱に扉を吊るための設備やその痕跡は見られず、築造当初からすでに扉がなかったものと考えられています。創建は寛永年間（１６２４～44）から正保年間（１６４４～48）と推定されていますが、寛政12年（１８００）に建て替えられた形跡もあります。

太鼓櫓の石垣　石垣の角度が途中で変わる扇の勾配となっている。

戸無門　上が正面から、下が添柱側の写真。

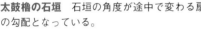

主郭部正面の守り「筒井門」「太鼓門」

戸無門を過ぎて左（東）に進むと、大手で最も堅牢とされる「筒井門《つついもん》」と「隠門《かくれもん》」の防衛線に達します。

筒井門は、本丸最大の門であり、その正面を固める重要な設備です。慶長7年（1602）の築城時に松前城から移築されたものと伝わります。ただし、昭和に入って焼失しており、現在見られるのは史料をもとに復元されたものです。

筒井門の右手奥に設けられている門が、隠門です。筒井門の脇門として、築城時に創建された設備だと考えられていて、往時の雰囲気をうかがうことのできる貴重な建造物です。戸無門から筒井門を見たときに、この隠門は死角となって見えません。筒井門を攻める敵兵に、この門から不意打ちを行えるようになっています。

筒井門　戸無門辺りから撮影。奥には隠門があるが、見えない。

隠門

隠門2階の東側には、「隠門続櫓」がつながっています。隠門と同じく築城時に創建されたと推定されています。この櫓は長者ケ平を監視する狙いがあり、揚木戸門前の本丸石垣の上に位置します。

筒井門を抜けると、正面（北）に高さ約5メートルの石垣がそびえ、その上に石落としや狭間を備えた渡

太鼓櫓から巽櫓の防衛線　右は筒井門付近から撮影。左は太鼓門。

太鼓櫓の古写真　昭和初期に撮影された焼失前の太鼓櫓。（松山市教育委員会提供）

塀があります。渡塀の左（西）には先ほど下から見た太鼓櫓、その右側（東）には「太鼓門」がつながっています。さらに右奥（東）に「巽《たつみ》櫓《やぐら》」があり、太鼓門との間を「太鼓門続櫓」がつないでいます。このように、太鼓門周辺の櫓などは一体の防御構造となっていて、重要な防衛線でした。

築城の名残を感じる「井戸」「玉薬土蔵」

太鼓門をくぐると広々とした平坦地が広がります。石垣に近寄れば、松山の市街地や、ここまで歩いてきた登城道を見下ろすことができます。

太鼓門から150メートルほど北に天守が見えます。天守周辺は本丸からさらに1段高くなっていて、小天守や櫓が集まっていることが遠目にもわかります。松山城の中核ともいえるこの曲輪が「本《ほん》壇《だん》」です。ほかの城でいう天守曲輪に相当します。太鼓門から本壇の間には、ま

本壇　本壇を囲う石垣の高さは10メートルを超える。

馬具櫓付近の石垣　屏風折れ（屏風のように屈折をつけた石垣）になっていることがよくわかる。

だいくつかの櫓などが現存しています。

まず太鼓門の北側、土産《みやげ》物店が建つ横に「井戸」があります。一見しただけではなんの変哲もない井戸ですが、深さは44・2メートルにも及び、この井戸がつくられたはずの慶長年間（1596～1615）の技術では掘ることのできない深さです。築城時に谷だった場所を埋め立てる際に、一部を井戸として残したため、これほど深い井戸になったと伝わります。工事規模の大きさを感じさせる遺構です。

井戸

井戸の北西には「馬具櫓」があります。馬具櫓は、太鼓櫓とともに二之丸方面の監視と防衛を担っていた櫓です。この櫓は第二次世界大戦の際に焼失し、戦後に鉄筋コンクリート造で再建され、現在は管理事務所として使われています。なお、この工事中、地下から

馬具櫓の古写真　昭和初期に撮影された焼失前の馬具櫓。（松山市教育委員会提供）

現在の石垣とは別の石積みが発見されました。この石積みは、まだ知られていない松山城の貴重な史料であると考えられています。

また、馬具櫓から見て北東には、弾薬庫として使用されていた「玉薬《たまぐすり》土《ど》蔵《ぞう》」がありました。玉薬土蔵は明治に撤去されていますが、昭和に行われた周辺の発掘調査により、礎石や雨落溝《あまおちみぞ》が発見されています。すべての礎石が雨落溝へ傾斜していることから、床下に雨水が流れ込まないように工夫されていることがわかっています。

この調査ではさらに、滴水《てきすい》瓦《がわら》と呼ばれる逆三角形の瓦が出土しています。この瓦は朝鮮半島に由来する瓦で、朝鮮出兵に参戦した大名の居城で用いられたことが知られており、姫路城と熊本城などでは今も葺《ふ》かれています。東アジアにおける建築技術の交流や、松山城と加藤嘉明のつながりを示す、貴重な史料です。

玉薬土蔵の古写真
（松山市立子規記念博物館提供）

模式図

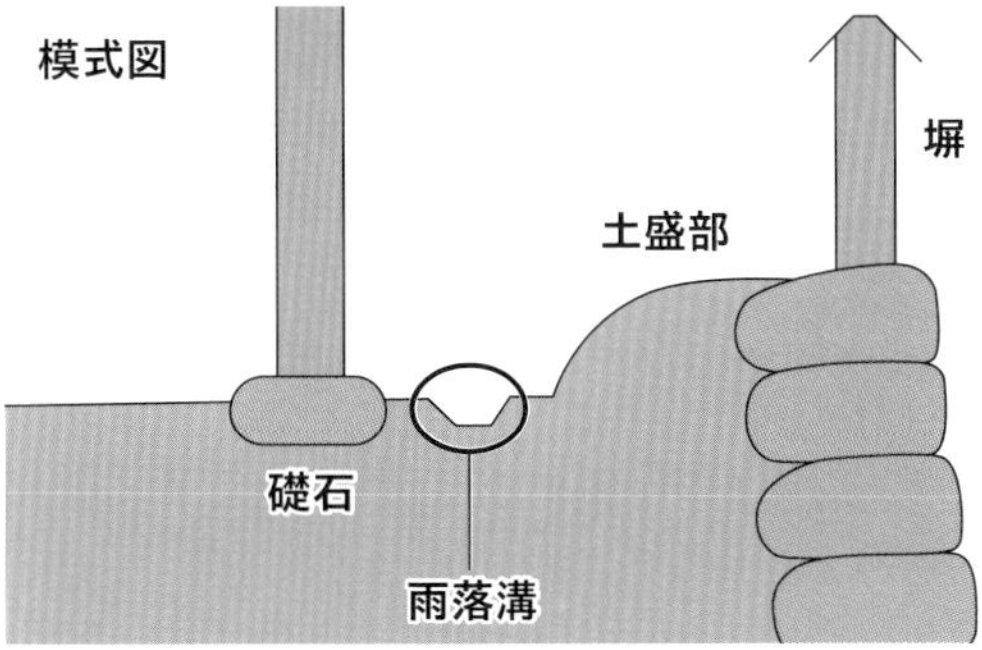

発掘によってわかった玉薬土蔵基礎部分の模式図。

城内 4

大手に劣らず堅固な本丸「搦手」の諸門

竹により敵の視界を遮った「紫竹門」

玉薬土蔵跡を過ぎれば本壇は目前ですが、先に搦手《からめて》である古町口登城道側を見ていきます。本壇南の発券所手前に、柵で囲われた竹やぶがあります。この竹やぶの後ろに構えているのが、搦手へ通じる「紫竹門《しちくもん》」です。

紫竹門は、本丸の大手と搦手を仕切る高麗門です。本壇北側にあった中仕切門《なかしきりもん》と合わせて、搦手からの侵攻に備える重要な門でした。門の前面（搦手側）に紫竹が植えられ、逆に本丸内部を観察する仕組みをもっていたことから、この名がついたと伝わります。これにならってか、現在も紫竹門の正面には竹が植えられています。

扉の上下は格子となっていて、この格子越しに敵兵の様子をうかがう狙いがありました。創建時期は明らかとなっていませんが、天明4年（1784）の落雷で天守とともに焼失したとされています。現在残る門は、嘉永年間（1848～54）に再建されたものです。

また門の両側にはそれぞれ、本壇入口の石垣上を北

紫竹門　門の前には竹が植えられている。かつては国宝に指定されていたが、法改正により現在は重要文化財。

に延びて小天守の石垣へとつながる「紫竹門東塀」と、本丸の石垣に沿って西に延びる「紫竹門西塀」が続いています。東塀、西塀ともに、現在は控柱が花崗岩となっていて目を引きます。ただ、これはのちに改修されたもので、紫竹門とともに再建された当初は木製であったと考えられています。

　紫竹門東塀は11の狭間を備え、おもに紫竹門の前面を狙えるようになっています。正面は下見板張り《したみいたば》（上下の板が少し重なるように横に張ること）ですが、内面は漆喰塗籠《しっくいぬりごめ》となっています。紫竹門西塀は10の狭間が備えられており、壁は両面とも漆喰塗籠です。なお、敵勢の動向に合わせて対応できるよう続く乾門東《いぬいもんひがし》続櫓東折曲塀《つづきやぐらひがしおれまがりべい》では狭間の向きが逆転しています。

搦手を守る最初の固め「乾門」

　紫竹門を抜けて道なりに進みます。左（南）の紫竹門西塀の終わりからは、「乾門東続櫓東折曲塀」が続いています。この塀沿いに歩いていくと正面に現れるのが「乾門東続櫓」です。

　乾門東続櫓という名前からもわかるとおり、その西にはすぐに「乾門」があります。乾門は門の上部が櫓になっている櫓門で、この櫓部分が乾門東続櫓とつながっています。乾門は本丸搦手の守りの要であり、ツガやマツの大木を使ったじつにしっかりとした構えとなっています。

　乾門東続櫓と乾門は、筒井門（58ページ参照）と同様に、慶長7年（1602）の築城時に松前城から移築されたと伝えられています。

　第二次世界大戦の戦災によって乾門東続櫓と乾門はともに焼失しており、現在の建物は昭和に再建されたものです。

　乾門を抜け、古町へ通じる登城道（開通は明治、もとは北郭《きたのくるわ》につながっていた）を少

乾門東続櫓　焼失前は国宝に指定されていた。奥には乾櫓の本丸側が見える。

し下ると、左（西）に石垣があります。古地図を見ると、この場所にはもともと「乾一ノ門」があったことがわかります。明治に取り壊されましたが、この門が本丸の搦手を守る最初の門だったわけです。敵兵が搦手から本丸に迫った場合、乾一ノ門、乾門でもちこたえている間に、艮門《うしとらもん》（90ページ参照）から出た援軍が背後をつくことを想定していた可能性があります。

乾門　上は本丸内側、下は外側。乾は北西を意味する。焼失前は国宝に指定されていた。

乾門と乾門東続櫓の古写真　昭和初期に撮影された写真。（松山市教育委員会提供）

乾一ノ門跡

戦国の建築を伝える「乾櫓」

乾一ノ門跡から東を見上げると、「乾櫓」が睨《にら》みを利かせています。乾門は矩折《かねおり》（直角に曲がった形）の二重櫓で、石落としが乾一ノ門周辺を狙っていることがわかります。

乾櫓は、太鼓《たいこ》のように2枚の壁の間に空間を設けて、そこに小石や瓦などを詰めて厚みを増した太鼓壁と呼ばれる構造となっており、見かけ以上に防弾性能に優れています。また、天井板が張られておらず、実用重視の櫓だったようです。

乾櫓は、築城時に建てられたと伝わり、戦火も免れているため、松山城でも最古級と目される建築物です。実戦が強く意識された時代の風情が感じられます。

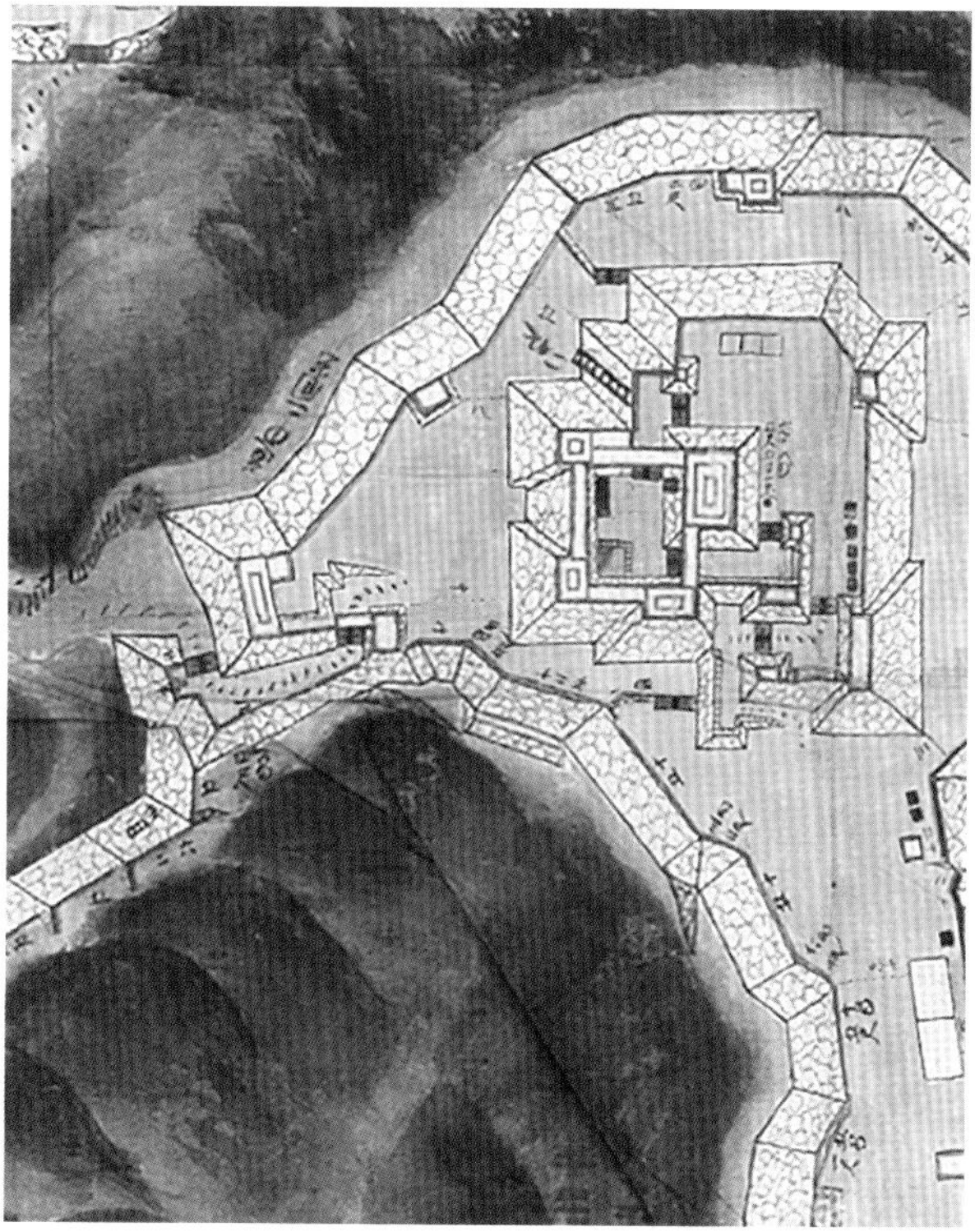

『亀郭城秘図』（部分） 文久4年／元治元年（1864）につくられた古図。絵図上側が北で、本壇、搦手辺りを拡大したもの。（伊予史談会蔵）

乾門と乾櫓の間は「乾門西塀」がつなぎ、こちらにも石落としや8つの狭間が確認できます。本丸正面の守りにも匹敵する、堅牢な防備です。

ちなみに乾門の前からも、本丸南側の屏風折れの石垣が確認できます。こちらから見ると、ちょうど乾門東続櫓東折曲塀の下辺りの石垣が、2段になっていることがわかります。これは「はばき石垣」とも呼ばれ、石垣の補強を目的としたものです。

乾櫓 本丸の北西（乾）に建つ隅櫓。かつては国宝に指定されていたが、法改正により現在は重要文化財。

望楼型天守の歴史を示す「野原櫓」

乾門から本丸に戻り、石垣に沿って東へ向かうと、正面に見える二重櫓が「野原櫓」です。城の北側に対する防衛を担っていました。乾櫓と同様、太鼓壁をもち天井板が張られていないなど、実戦を重視したつくりとなっています。

ただ、同じく実践的な二重櫓でも、乾櫓とはずいぶん形が異なります。しっかりとした入《いり》母《も》屋《や》造《づくり》の1階部分に、屋根を割って2階部分に物見櫓を載せたようなつくりをしています。このようなつくりを望《ぼう》楼型《ろうがた》といいます。たとえば現存12天守の1つである犬山城の天守は、典型的な望楼型天守です。望楼型の櫓としては、この野原櫓が唯一の望楼型の現存事例です。望楼型の櫓が発展し、望楼型天守が生まれたとする「天守望楼起源説」を裏づける史料として重要視されています。

野原櫓は、松山城の築城時に建てられたと伝えられており、松山城内でも最古級の建造物の1つとされます。ただし、こちらについても修理は行われていたようで、文政元年（1818）の墨書きのある棟札が発見されています。

現在、遺構は残っていませんが、野原櫓の北東には、

袴腰型の石落とし　多くの近世城郭に広まった石落としで、外壁を斜めにつくっている。

野原櫓　「騎馬櫓」とも呼ばれる。かつては国宝に指定されていたが、法改正により現在は重要文化財。

本丸南の石垣　乾門から東を撮影。

本壇（搦手側）　石垣の工法が途中で変わっていて、斜めに線が入ったようになっている。

明治まで「中仕切門」がありました。先ほど通ってきた紫竹門とともに、搦手と大手を仕切る役割を果たしていました。野原櫓から東を見ると、本壇の石垣上に「南隅櫓」と「十間廊下」「北隅櫓」が見えます。それぞれに石落としや狭間が開いていて、紫竹門や中仕切門で敵兵を足止めしている間に、本壇から猛攻が加えられる構えだったことがわかります。本壇の搦手側の石垣は高さ約10メートルに及び、また南北の隅櫓が横並びに配置されており、石垣を上ろうとしても左右から攻撃が浴びせられる構成です。非常に厳重な守りとなっていました。

本丸への行く手を阻む「本壇」の門と櫓

南北で工法の異なる本壇の石垣

紫竹門を通り、発券所へと戻ります。ここから本壇へと足を進めていきます。本壇の周辺はすべて10メートル近い高さの石垣で囲まれていて、本壇に進むことができるのは発券所北側の道だけです。

道の北側には石垣がそびえ、石垣の上部には「一ノ門東塀」も見えます。石垣に向かって東には「二ノ門南櫓」、西には「一ノ門南櫓」や「小天守」があり、この道を攻撃できるようになっていて、防備の堅牢さを感じます。

この石垣は整った石組みが特徴的で、切込《きりこみ》ハギという工法が用いられています。断面をきれいに整えた石材を使った工法です。松山城で多く見られる粗い打込ハギ（石材を割って多少形を整えて積む）よりも洗練された工法といえます。

62ページでも述べたように、天守や周辺の櫓・門は天明4年（1784）の落雷で焼失し、嘉永5年（1852）に再建されています。石垣もそのときに再建されたため、こうした比較的新しい工法が使われているようです。

また、この本壇入口付近の石垣は、本壇北側で見た石垣とも様子が異なります。北側は落雷による災禍を

『蒲生家伊予松山在城之節郭中屋敷割之図』（部分）
寛永4年（1627）に松山に入った、蒲生忠知の家臣の屋敷割を描いた絵図。（愛媛県歴史文化博物館蔵）

小天守と天守(大天守)　小天守には狭間や石落としが複数確認できる。天守手前の塀は筋鉄門東塀、天守には唐破風と千鳥破風がある。

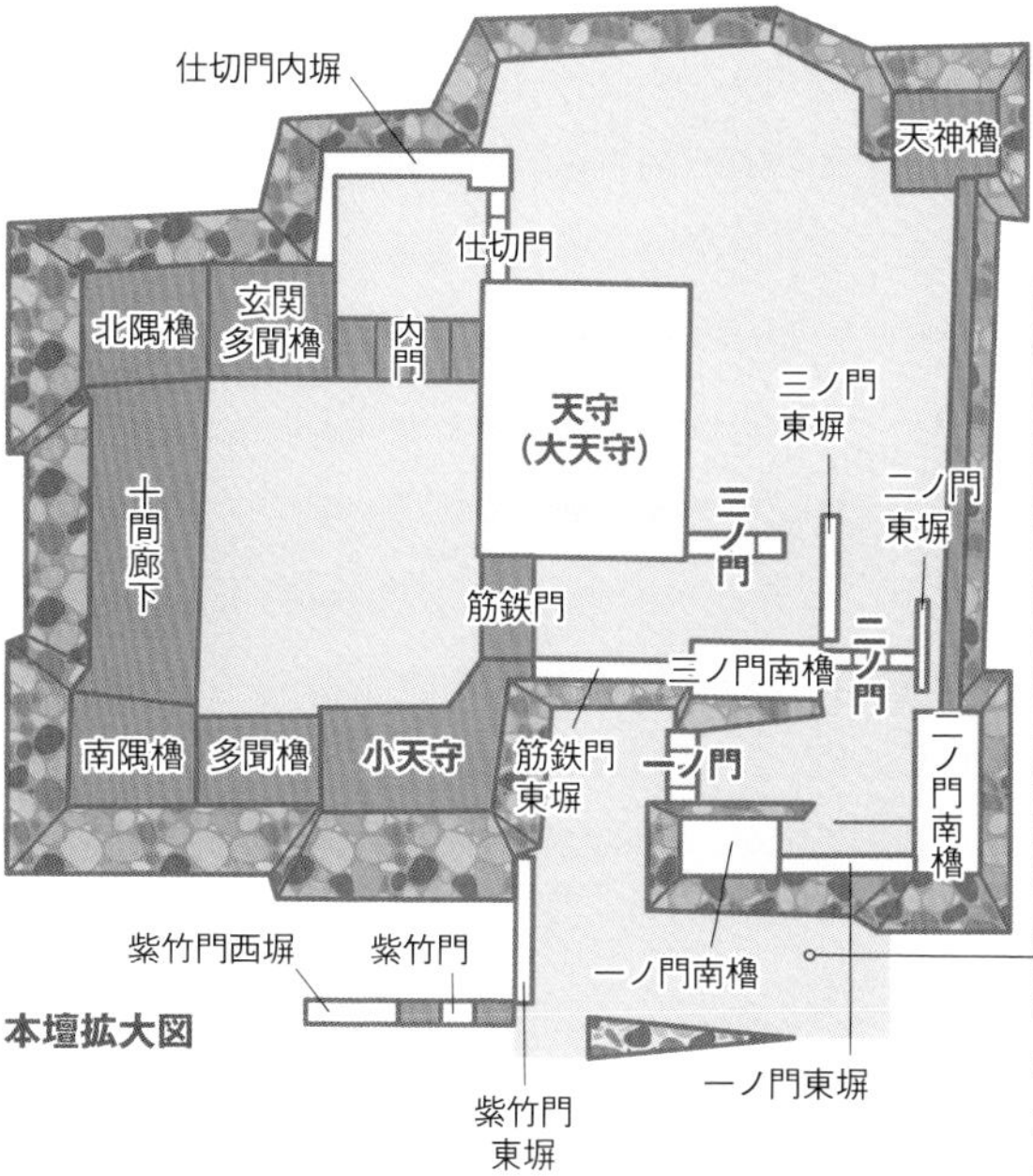

本壇拡大図

本壇南側　高さ10メートル近い石垣に四方を守られた、本壇への唯一の出入口。

免れたのか、江戸時代初期の比較的洗練された打込ハギの布積み（目地をそろえて整然と積む）となっています。

それでも、松山城内の多くの石垣よりは新しく積まれたようです。蒲生期の城を描いた絵図には、今の本壇とは形の異なる本壇が描かれており、松本定行による寛永の本壇改修の際、石垣にも改修が加えられた可能性が高いと考えられています。本壇の北東部からは、本壇の石垣の裏込めとして使われた栗石《ぐりいし》群が見つかっていて、もっと北に広かったようです。

江戸時代の比較的早い時点で本壇の形が変更され、南側は嘉永の再建時に積み直されたということになります。石垣からも松山城の歴史を垣間見ることができます。

天守への最初の固め「一ノ門」

坂を上り、紫竹門東塀の手前で北へ曲がると、本壇の正門にあたる「一ノ門」が待ち構えています。木製ではありますが、柱の太い、がっしりとした風情の高麗門で、本壇では最も重要な門です。

一ノ門　内側に控柱のある高麗門。上が本文でも述べた格子状の門扉。

一ノ門の特徴は、門扉の上下が格子状になっている点です。のぞき込めば、門を閉めたままでも外側をうかがうことができます。

一ノ門を抜けると、すぐに急な坂道が続きます。右（南）を一ノ門東塀と一ノ門南櫓、正面を二ノ門南櫓、左（北）を「三ノ門南櫓」に囲まれています。突き当たりを左折（北）し、坂を上りきった先にある二ノ門との間に、枡形を形づくっています。

一ノ門の枡形　正面に見えるのは一ノ門南櫓と一ノ門東塀。雁木で石垣に上ると足場があり、狭間から本壇の入口を狙えるようになっている。

枡形は近世城郭の出入口によく見られる防衛設備で、敵兵を足止めし、周囲から攻撃を加えることができるようになっています。また、自軍の兵が外に出ていく前に待機しておく場所、戻ってきたときに敵兵が混ざっていないか確認するための場所という意味ももっていたと考えられています。以降も、本壇にはいくつかの枡形がつくられていて、非常に厳重なつくりだということがわかります。

なお、枡形を形づくる各櫓は塩や米など物資の貯蔵庫となることも想定されていました。籠城に備えてのことです。ただ、天守周辺は日常的に使われるものではないため居住性は考えられておらず、厠《かわや》や炊事場などはありません。

城郭では珍しい薬医門形式の「二ノ門」

坂の上に建つ「二ノ門」は、枡形に入り込んだ敵兵に立ちはだかるため、本丸の諸門でもとくに頑丈なつくりとなっています。柱には太いケヤキ材を使い、板張りの門扉に格子は設けられていません。「薬医門《やくいもん》」という城としては少し珍しい構造で、高麗門のように鏡柱のほかに控柱がありますが、控柱用の小屋根は設けず、控柱までを1つの大きな切妻屋根で覆っています。

二ノ門を抜けると、左（西）には三ノ門東塀があり、狭間が狙いを定めています。そのまま進むと、やや開けた空間に出ます。正面には「天神櫓（88ページ参照）」、左（西）には天守（大天守）が見えます。

三ノ門東塀を回り込むと「三ノ門」がありますが、まっすぐ進んでいくと「仕切門」につながっています。攻めてきた敵兵は、ここで二手に分かれることになります。もし全員が三ノ門に集中して攻略に当たった場合、仕切門から援軍が背後をつく構えでした。

二ノ門　軒裏は漆喰塗籠となっている。

後ろからの奇襲を狙う「三ノ門」

三ノ門は一ノ門と同じ高麗門形式で、扉の上部は格子となっていますが、一ノ門にあったような脇戸は省略されています。天守や三ノ門東塀からの攻撃を受け、背後からの奇襲も警戒しなければならないこの門は、見た目よりもはるかに攻めにくいつくりとなっています。

三ノ門　西側は天守の石垣に沿っている。

三ノ門東塀　内側は漆喰塗籠となっている。狭間は二ノ門から三ノ門を狙う。

三ノ門を越えると、目の前には三ノ門南櫓が待ち構えています。さらにそこから西に向かって「筋鉄門《すじがねもん》東塀」が続きます。一ノ門の正面から天守を見上げたときに、天守の正面に見えた塀です。

天守と櫓、塀に囲まれた非常に狭い通路となってい

三ノ門から筋鉄門の枡形　険路となっていて、三ノ門南櫓などから攻撃できる構え。

ます。右（西）に折れると、天守への最後の関門となる「筋鉄門」がそびえています。左（東）は三ノ門東塀によって塞がれ、一種の枡形となっています。三ノ門東塀側には、兵士が隠れられる空間もあり、気づかずに筋鉄門へ向かってきた敵兵の背後をつけるようになっています。

鉄板が貼られた強固な「筋鉄門」

筋鉄門は天守への最後の守りというだけあり、柱や

筋鉄門　下層が下見板張りで上層が漆喰塗籠であり、外観は天守とよく馴染む。

筋鉄門東塀の狭間

連立式天守内の枡形(内庭) 連立式天守の内側には内庭ができる。松山城の場合、枡形として機能する。写真は小天守より。

梁が鉄板で補強された非常に堅固な櫓門となっています。筋鉄門という名前も、この鉄板による補強が施されていることに由来するとされます。

2階部分に通された櫓は、小天守と天守をつないでいて、渡り廊下となっています。基本的には下見板張りですが、一部が漆喰塗となっていて、外観には天守との一体感があります。

ここまで見てきた本壇の諸門は国の重要文化財ですが、筋鉄門は登録有形文化財です。隣の小天守などとともに、昭和8年(1933)の放火により櫓部分が焼失し、昭和43年(1968)に復元されたことが影響しています。とはいえ、門部分は嘉永の再建時のものです。

筋鉄門を抜けると、周囲を櫓に四角く囲まれた空間に出ます。ここも大きな枡形といえます。東に振り返ると天守がそびえていて、石垣に入口が開いています。筋鉄門でつながった南に、天守に次ぐ大きさをもつ小天守が建ち、多聞櫓がつながっています。西には南隅櫓、十間廊下、北隅櫓が並びます。北には玄関多聞櫓が建ち、櫓門の内門によって天守とつながっています。

それぞれの建物については次項以降で詳しく触れていきますが、このように天守と小天守、櫓を四方に配置し、渡櫓でつなぐ形式を「連立式天守」と呼びます。非常に厳重な構成となっており、天守防衛の究極と称されることもあります。現存12天守のなかでは、姫路城が同じように連立式天守をもちます。

江戸末期に寛永の姿を再建

攻め手がたどることになっただろう道順で本壇を見てきましたが、実際に歩いてみると、その防備の堅牢さを強く感じることができます。すでに何度か触れたように、松山城の天守付近の諸門・諸櫓は江戸時代の末期に再建されました。

一般的に、江戸時代に入って城は実用から象徴へと移り変わっていきました。城主はほとんど天守を訪れることはなくなり、御殿などで政務を行うようになります。また、天守をもたない城も増えていきました。

そんな江戸時代末期に再建されたにもかかわらず、松山城が非常に実戦的な天守をもつのは、古文書などをもとに、焼失した天守、つまり寛永年間（１６２４〜44）に松平定行が改修した天守を忠実に再建したためです。そのため、整った石垣などの江戸時代末期らしい洗練された建築様式が見られる一方で、戦がまだ現実のものだった時代の様式も強く残しているわけです。

また、江戸時代は石垣を補修するだけでも幕府に申し立てが必要でした。許可を受けるのも簡単ではないのですが、じつは天明４年（１７８４）に焼失した直後に、すでに再建の許可は出ていました。しかし、当時の松山藩には天守を再建するだけの経済力がなく、泣く泣く放置されていました。その経済状況を変えたのが11代藩主・松平定通《さだみち》です。定通が行った殖産興業や倹約などの藩政改革によって経済状況が改善し、12代藩主・勝善《かつよし》の頃に城郭の再建が始まりました。こうした紆余曲折《うよきょくせつ》を経て、松山城は現代に戦国の風情を伝えてくれています。

城内 6

天守を守る「小天守」と「隅櫓」

寛永の姿を今に伝える「天守」の外観

各天守や各櫓には実際に入ることができて、中には文化財などが展示されています。実際に入って行く前に、改めて天守や各櫓の外観を見ておきます。

松山城の天守（大天守）は、三重3階（見かけが三重で、内部が3階建て）、地下1階の層塔型天守となっています。ただし、築城当時からずっとこのような天守だったわけではありません。初代城主・加藤嘉明によって築かれた最初期の天守は、一説には五重だったともいわれています。その後、天守を含めた本壇付近の建物は、寛永19年（1642）に初代藩主・松平定行《さだゆき》によって今と同じ三重3階に改められたようです。

また、見た目で特徴的なのは、二重目以下が下見板張り、三重目が漆喰塗籠になっていることです。ここまで見てきたほかの門や櫓、塀についても、板張りと漆喰塗籠が使い分けられていました。

本壇の建物は松平定行による寛永の本壇改修の際、下見板張りに改められたといわれています。『松山城下図屏風』などの史料に残る天守も、黒く描かれています。反りが少なく質実な印象の千鳥破風《ちどりはふ》が、重なるように並ぶ意匠も特徴的です。

小天守は二重2階の一重目が下見板張り、二重目が漆喰塗籠で、白く目を引く建物となっています。天守

『松山城下図屏風』（部分）　元禄年間（1688～1704）の松山城下町の風景を描いたと推定される屏風。非常に写実的に描かれている。（愛媛県歴史文化博物館蔵）

天守と小天守　天守入口辺りから撮影。

前からは見えませんが、南面には天守のものと似た千鳥破風を1つ備え、創建時の建物である乾櫓などと同じく戸袋型の石落としをもちます。

南隅櫓、北隅櫓は下見板張りで、天守側からは屋根などが一部見える程度です。搦手側の守りにとって重要な櫓で、石落としや狭間が充実していることは67ページで見たとおりです。

天守への出入口だった「玄関多聞櫓」

いよいよ櫓の内部を見ていきます。北隅櫓と天守の間を守る玄関多聞櫓が、本来はその名のとおり連立式天守への入口でした。しかし、現在は天守の地階にあたる穴蔵が入口として使われています。穴蔵は穀物の貯蔵庫として用意されたもので、柱や梁には防腐力の強いクスノキが使われています。

穴蔵で靴を脱ぎ、設置されているロッカーに靴を入れて見学することになります。天守1階には急な階段でつながっていますが、この階段はあとで設置されたものです。

観覧の順路では天守1階はひとま

穴蔵入口　穴蔵への入口。鉄の扉で厳重に守られている。

玄関多聞櫓　本来の天守への入口である玄関。かつては玄関多聞櫓から内門を経て、天守へ入った。

ず素通りし、内門の櫓部分を経て、玄関多聞櫓へと進みます。ここでは順路に従って見ていきます。

　玄関多聞櫓は南側が武者走《むしゃばし》り、北側が部屋となっています。玄関の正面（北）は戸で仕切られていて、観覧できるのは武者走りだけです。見ることはできないものの、部屋の北には狭間と石落としを備え、東にも狭間があって内門と仕切門による枡形に狙いを定めているようです。実際に外側から確認してみれば、確かに北側にも部屋があることがわかります。

　武者走りを順路に沿って西に進んでいくと、北隅櫓です。北隅櫓をはじめ各櫓や間の通路は、文化財の展示場所となっています。多くの現存天守では、木造で防火設備などの制約があるため、建物内部での文化財展示は避けられる傾向にあります。しかし、松山城では周辺の櫓内に限られるものの、絵図や甲冑、刀などの実物が多数展示されています。これは、とても稀有《けう》な場所だといえます。

　北隅櫓の床は板張りで、外観からもわかるとおり、石落としや狭間を備えます。立入禁止となっていて近寄ることはできませんが、展示の間から石落としや狭間をうかがうことができます。二重2階の櫓で、2階へは東側北寄りに段梯子《だんばしご》があるようですが、通常は降ろされていません。

穴蔵　本文で触れた天井の梁を中心に撮影。

天守１階から内門２階　内門との境には、重厚な扉が設置されている。

玄関多聞櫓　写真奥が北隅櫓、左が玄関。右には部屋が続くはずだが、戸が立てられている。

「十間廊下」で搦手への防備を体感

北隅櫓から南に「十間廊下」が続いています。長さがちょうど10間（約20メートル）であるため、十間廊下と称されます。進路左（東）には展示物がありますが、右（西）は壁面に近寄ることができます。搦手で見たように石落としや狭間を備えていて、近寄って実際に構造を見ることができます。外部から見たときは狭そうに見えた石落としも、十分に幅があることがわかります。防備の際には板を外し、その隙間から敵兵を監視したり攻撃したりするための設備です。

道なりに進めば南隅櫓です。北隅櫓とほぼ対称となっており、やはり1階は展示場所で、2階に入ることはできません。こちらもよく見ると石落としや狭間を確認することができます。

南隅櫓から順路どおり東に進むと多聞櫓です。南隅櫓と小天守をつなぐ板張りの通路であると同時に紫竹門を防衛する役割をもっています。南側には展示があ

十間廊下　写真奥が南隅櫓。左は搦手側で、石落としや狭間を近くで観察できる。

石落とし　十間廊下の石落とし。

多聞櫓

るため近寄って見ることはできませんが、ここにも石落としや狭間が多数設けられています。展示のない北側からは天守前の枡形がよく見えます。

本壇防衛の最重要建造物「小天守」

多聞櫓から階段を上ると小天守に入ります。ここにも展示がありますが、壁の様子もうかがうことができます。南東側に窓式の石落としを備えていて、これまで見てきた石落としとは異なり、床板が外されています。実際にどのように兵が外部をうかがったのかを体感することができます。大手側はもちろん搦手側にも多くの狭間を備えており、防衛上とても重要な櫓であることが感じられます。

小天守は2階が公開されていて、北寄りの階段から上がることができます。この櫓は、その規模と防衛上の重要性から小天守と呼ばれますが、もともとは「着見《つきみ》櫓《やぐら》」と呼ばれていたと伝わります。このように呼ばれていたのは、城に帰り着いた兵の人数などを確認する役割を担っていたためです。実際に突き上げ窓から外をのぞくと、とても眺望がよいことがわかります。とくに本丸大手側や、一ノ門前辺りの様子をはっきりと見通せます。

小天守1階の石落とし　床板が開けられた状態を確認できる。

小天守2階　写真奥に展示されているのは上棟式で使われた矢。

小天守1階

小天守から見た大手

そして、小天守2階を見ていると、1か所だけ壁に五角形の空間が取られていることに気づきます。これは南側に設けられている千鳥破風の内側です。小さな狭間も設けられています。また天井に板は張られず、実用的なつくりであることが感じられます。

1階に戻り、すぐ左（北）に入ると筋鉄門の2階です。筋鉄門を抜ければ天守に戻ることになります。

小天守から見た一ノ門付近

ここまで歩いてきた内門の櫓部分から筋鉄門は、昭和初期に放火によって焼失し、その後、昭和43年（1968）に再建された建物です。焼失前、本壇の建物は国宝指定に向けて動いており、基本設計がまとめられていました。そのため、嘉永7年／安政元年（1854）の建物に忠実な姿を、現在でも見ることができます。

城内 7

泰平の時代の痕跡も見える「層塔型天守」

御殿建築の影響を受けた「1階」

筋鉄門を抜ければ天守1階に戻ります。筋鉄門から入ると、南西方向から武者走りに踏み込むこととなります。天守1階はきれいな長方形の間取りとなっていて、部屋をぐるりと武者走りが取り囲んでいます。

すでに述べたとおり、松山城は層塔型天守です。関ケ原の戦い（1600）以降に普及した建築法で、ほぼ同じ形の階層を重ねていきます。この工法を実現するために必要なのが、石垣づくりの技術です。石垣づくりの技術が未熟な頃は、きれいな方形の石垣をつくることができず、上の建物も多少いびつな形にならざるをえませんでした。そうすると、同じ形の階層を重ねていくことは困難です。たとえば姫路城は層塔型以前に主流だった望楼型の天守ですが、1階はわずかに歪んだ長方形になっています。松山城のきれいな長方形の間取りは、層塔型天守らしいともいえます。

1階内部を見ていきます。外周の武者走りは、ここまで見てきた櫓や廊下と大きく印象は変わりません。板張りで天井に板などは張られず、実用的なつくりです。

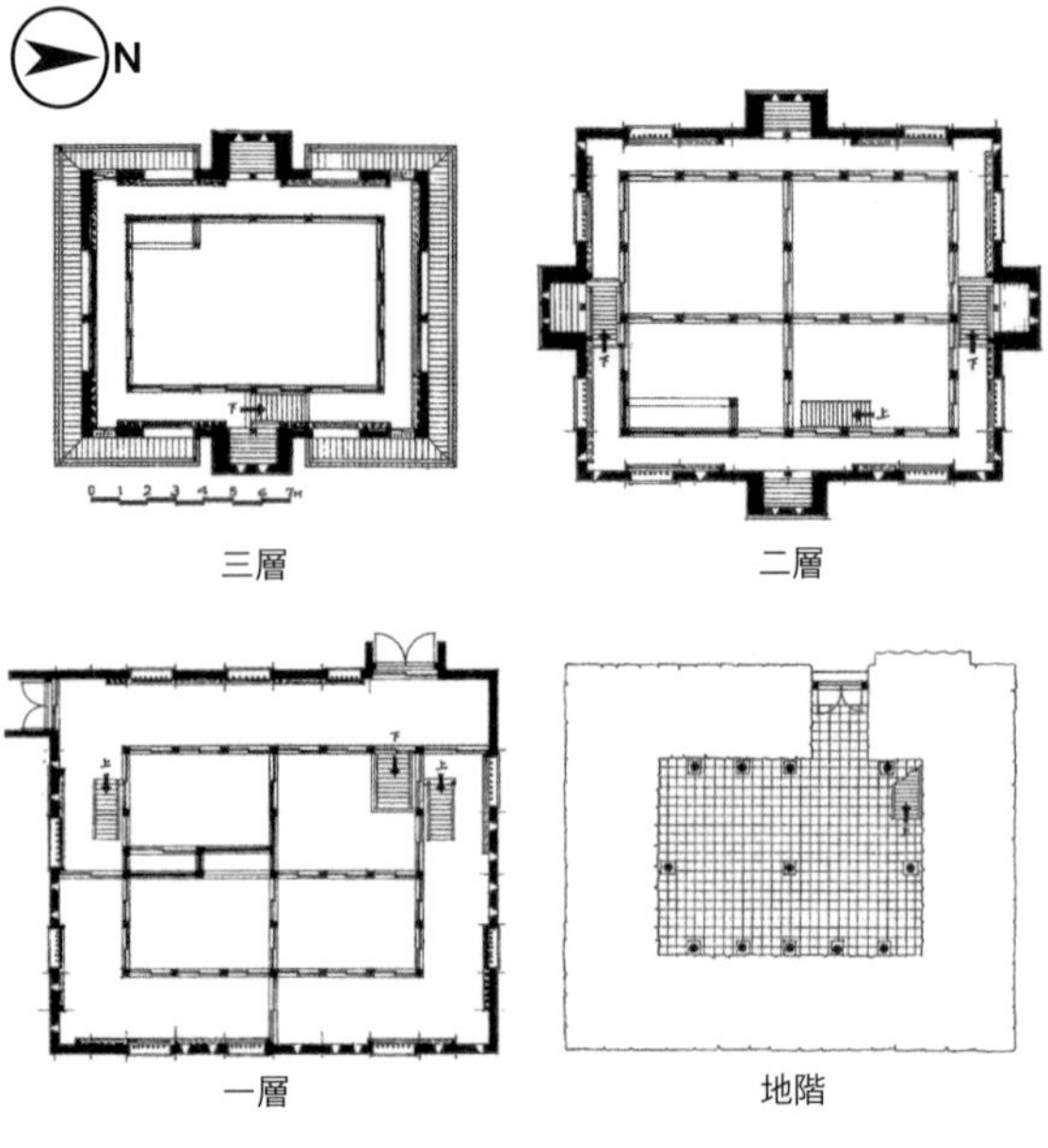

天守の平面図　（『松山城』松山市役所発行より転載）

ただ一方で、明らかに諸櫓と異なる点もあります。ここまでの櫓の傾向からいえば、筋鉄門の周囲に石落としをつくっていそうなものですが、そういった設《しつら》えは見られません。天守はそのほかにも内門や仕切門、三ノ門に接していますが、天守1階には1つも石落としは設置されていません。これらの点は、平和な時代に再建されたことを反映しているともいわれます。

1階

天守には、ほかにも平和な時代に再建されたことが影響しているような点がいくつかあります。部屋部分は、視聴覚ブースが置かれたりと多少展示がありますが、ここでは天井に注目してみてください。ここまでほとんど板張りが見られませんでしたが、天守の部屋は竿縁《さおぶち》天井となっています。また、畳が敷ける構造にもなっています。

さらに、武者走りと部屋の間には敷居と鴨居が通っています。ここには戸を立てることができましたし、部屋は4つに区切ることができます。内装や床の間もあり、多少、居室の設えになっています。

ただ、先述のとおり天守には廁や炊事場はありません。天守の内装が居室的に整えられていることの意図は不明です。

1階とほぼ同じ形の「2階」

1階から2階への階段は2つ設けられています。1階をぐるりと回り、南側の階段から2階へ上ります。

2階武者走り

破風の内側　南側の階段を上ってすぐの場所。同じような凹みは四方にある。

なお、階段近くの部屋の隅の柱は通柱《とおしばしら》という、1階から2階に通じている柱です。層塔型天守の特徴として、この通柱によって、階をまたいで建物を一体のものとしている点が挙げられます。試しに測ってみると、1階と2階で柱の太さが同じになっていて、同じ柱だと確認できます。また、梁などで途切れず天井まで続いていることからもそのことがわかります。

2階は層塔型の天守らしく、大まかには1階と同じ形をしています。ただ、武者走りがだいぶ狭くなっており、1階よりは圧迫感があります。部屋の天井はやはり板張りが施されて竿縁天井となっており、敷居や鴨居、床の間も設けられています。現在は映像ブースになっていて、松山城に関するＶＴＲが流れています。

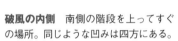

1階と異なるのは壁面に五角形の空間が取られている点です。小天守でも見たように、これは破風の内側です。構造上、入母屋破風《いりもやはふ》ができる望楼型とは異なり、本来、層塔型の天守には破風は必要ありません。意匠のために設けられているわけです。

層塔型天守が普及した時代、天守は戦いのためのものから権威の象徴としての役割が強まっていたため、

2階の部屋

外観も重要だったといえます。松山城でなぜ破風が設けられたのかは定かではありませんが、ほかの城の例でいえば、破風がないと味気ないから、より目立つ外観にするため、権威のある城に似せようとした、などさまざまな理由が考えられます。

松山平野を一望する「3階」

2階南寄りの階段から3階へ上がります。武者走りが囲っていることは2階までと変わりませんが、武者走りの内側が部屋で、部屋全体が竿縁天井となっています。それに加え、3階にも敷居や鴨居、床の間があります。

四方に窓が設けられていて、それぞれ2間（約4メートル）の広さがあり、格子などもありません。周囲には簡素な廻縁《まわりぶち》がついているだけで、引き戸ということもあり、視界を遮られず周辺を一望することができます。

天守の全高は約20メートルです。本壇も合わせれば30メートル近くになります。標高132メートルの勝山山頂に天守が建つわけですから、周囲には視界を遮るものなどありません。大変眺望に優れていて、現在は望遠鏡も設置さ

3階

竿縁天井　竿縁という細い縁を通して、天井板を押さえる、現在では一般的となっている板張り天井。

天守より北

天守より東

れています。

北に目を向けると、勝山の北側（128ページ参照）に学校が集まっているのがよく見えます。この辺りは江戸時代には田畑が広がっていた場所です。その北側に寺町、さらには高縄《たかなわ》山系の山々や瀬戸内海までが見通せます。

東に目を向けると、四国山地の山並みの中に、道後《どうご》温泉（116ページ参照）やかつて湯築《ゆづき》城跡の道後公園などが見えます。丘陵の切れ間から流れているのが石手川です。城下町の南側を通って、瀬戸内海へと注いでいます。

南に目を向ければ、本丸越しに外堀や官公庁の並ぶ辺りが見えます。勝山の南側一帯（100ページ参照）は中・上級武士の住んだ武家地などが広がっていた辺りです。さらに南には、いよてつ高島屋の大観覧車などが見えます。遠くに見える尾根は三坂《みさか》峠《とうげ》の辺りです。

西に目を向けると、揚手方向が見えます。古町（120ページ参照）周辺やJR「松山」駅、松山空港、その先の瀬戸内海までが見えます。駅の西に見える小高い丘は朝日《あさひ》ケ《が》丘《おか》といい、松山総合公園になっています。南山麓辺りの大宝寺《たいほうじ》の本堂は愛媛県内でも最古の建物です。

城下町どころか、松山平野一帯が見渡せるといっても過言ではありません。本丸の櫓なども、下から見ていたときとは異なる姿を見せてくれます。小天守や南・北隅櫓の屋根に鯱《しゃちほこ》が載っていることも見て取れます。なお、天守にもやはり鯱が載っています。平成16年（2004）の改修で取り替えられ、古いものが麓のロープウェイ東雲口駅舎に展示されています。

他方、これだけ周辺がよく見通せるということは、松山の市街地からも松山城はよく目立ちます。今でこそ高い建物が多くなり、どこからでも天守が見えるとまではいきませんが、江戸時代には仰ぎ見れば天守が見えていたはずです。権威の象徴として有効に機能しただろうことがわかります。

天守より南

天守より西

本丸に飾られていた鯱　左の阿形（口を開けているほう）については、「大正乙丑四月作之」との刻印があり、大正14年（1925）の作成とわかる。右の吽形（口を閉じている）は不明だが阿形より古いと目される。

城内 8

菅原道真の力も借りた本丸東側の守り

「内門」と「仕切門」がつくる強固な枡形

ここまで攻め手が進むであろう進路で城を見てきました。通れなかった見どころもあるので、その辺りを確認しながら帰ります。

連立式天守に囲まれた枡形には、2つの門があります。筋鉄門と「内門」です。北側の内門を通ると、すぐに塀で、右（東）に「仕切門」があります。この2つの門の間は枡形となっていて、玄関多聞櫓から狭間が狙いを定めていることを確認できます。

内門は櫓門です。筋鉄門のような鉄板による補強はありませんが、太い柱と梁が堅牢さを感じさせます。仕切門は本壇で多く見られる、扉の上部に格子を設けた高麗門となっています。

仕切門を抜けると、正面には「天神櫓」があり、その右（南）には天守石垣がそびえています。石垣の端から南をのぞくと、二ノ門と三ノ門が見えます。仕切門から出た援軍が、三ノ門を攻める敵兵の背後を攻撃できるということはすでに説明しました。その立地が実感できるはずです。

内門

久松松平家の祖先神をまつる「天神櫓」

本壇の北東隅に位置する天神櫓は、ほかの櫓とはまったく風情が異なります。格子に板を挟んだ蔀戸《しとみど》をもち、正面に入口が開いています。これは寺社建築に

仕切門から南　仕切門から出てすぐ（上写真）は南側が天守石垣で遮られる。石垣の端から南をのぞくと、下の写真のように三ノ門の目の前。

仕切門

よく使われる様式で、全国的にほとんど例を見ない櫓となっています。

この櫓は、名前のとおり天神、つまり菅原道真をまつっています。城主である久松松平《ひさまつまつだいら》家は菅原道真を祖先として仰いでいて、鬼門（北東）を守るためにこの場所にまつられました。もともとは戦に備えて兜や武具をしまっておく具足櫓でした。

正月などには、城の各所に三つ葉葵《みつばあおい》の幟《のぼり》がかかります。三つ葉葵は城主である松平家の家紋です。対し

三つ葉葵紋の瓦　天守は鯱の下の瓦が三つ葉葵紋になっている。親藩の松平家だからこそ使えた紋で、現存天守で三つ葉葵紋があるのは松山城のみ。

天神櫓　写真は正月のもの。星梅鉢紋の幟がかかっている。なお久松松平家は、明治維新後に華族となり、星梅鉢紋を家紋とした。櫓前の木は梅と松でやはり道真にちなむ。

艮門と艮門東続櫓　上から門自体はよく見えないが、近寄ってみると埋門の形式となっていることがわかる。

て天神櫓だけは、菅原家の家紋であり、久松家の家紋でもある星梅鉢紋となっています。

紋については、城内を探すとほかにもいろいろ見つけることができます。瓦の大部分には一般的な三《み》つ巴《どもえ》紋が刻まれています。これは蒲生家の家紋でもあります。天守の鯱の下にだけは三つ葉葵紋が刻まれています。なお、建物に見つけることはできませんが、加藤家の家紋は下がり藤紋や蛇《じゃ》の目《め》紋などです。

天神櫓の背後、「天神櫓南塀」には狭間が多数設けられていて、本丸の北東部分に狙いを定めています。狭間をのぞくと、本丸北東を守る「艮門《うしとらもん》」と「艮門東続櫓」が見えます。艮門は櫓門になっていて、2階の櫓部分が東続櫓につながっています。ここから兵が出て、大手方向や搦手方向に援軍として向かうことが想定されました。

東側の防衛を担った「長者ケ平」

本壇から本丸の大手を下り、待合番所を左（東）に進み、揚木戸門側から帰ることにします。揚木戸門跡から道なりに進むと、ほどなく目の前に売店などもあ

長者ケ平　舗装され、ロープウェイのために開かれた地と勘違いしそうだが、もともとの曲輪。

るロープウェイ長者ケ平駅舎にたどり着きます。

　この平坦地は「長者ケ平《ちょうじゃがなる》」と呼ばれています。この辺りに一番の長者が住んでいたことが、その名称の由来だと伝わっています。

　大手側には二之丸や三之丸があり、斜面も真っ直ぐ上るのは困難な急勾配です。同じく搦手側も江戸時代までは麓に「北郭（127ページ参照）」という出曲輪《でぐるわ》があり、斜面が急です。そうしたなか、比較的上りやすいのが、この東側斜面でした。長者ケ平からさらに登城道を下って、東雲口を目指せばそのことがよくわかりますし、ロープウェイやリフトで下りても十分に体感できます。

　長者ケ平は、そうした東側斜面への備えの1つだったと考えられます。現存しませんが、揚木戸門と長者ケ平の間には門もあったようです。東側への備えは長者ケ平だけではなく、麓に「東郭《ひがしのくるわ》（109ページ参照）」があり、東雲神社辺りからは念斎堀《ねんさいぼり》が延びていました。

　このように、松山城はどちらの方向にも隙のない縄張となっています。分類上は平山城ということになりますが、平地から天守までの高さでいうと、山城とされる岡城などと大差はありません。非常に堅牢な城でした。

　加藤嘉明の時代は隣の今治《いまばり》を治める藤堂高虎《とうどうたかとら》との緊張もありましたが、泰平の世になってからは久松松平家のもと、比較的安定した歴史をたどりました。結局、松山城は実戦を経験することなく、今日を迎えています。

歴史や産業を伝える松山市内の施設

松山城周辺をはじめとする松山市内には、郷土の歴史や文化と深く関連する施設がいくつか存在する。美術品や工芸品だけでなく、歴史ある風景やスポーツまで幅広く楽しむことができる。

郷土ゆかりの作家の作品から国内外の美術作品を所蔵「愛媛県美術館」

松山城三之丸（堀之内）内に建つのが「愛媛県美術館」です。平成10年（1998）に参加創造型の美術館として開館しました。昭和45年（1970）開館の愛媛県立美術館が前身となります。これまで収集してきた郷土作家の作品に加え、再出発を機にモネ、セザンヌなどの海外作家の作品や、近代日本を代表する安田靫彦《ゆきひこ》、中村彝《つね》などの作品、郷土出身作家である杉浦非水《ひすい》、柳瀬《やなせ》正夢《まさむ》などの大規模なコレクションも加わりました。現在は約1万1900点の所蔵品を収蔵しています。また、所蔵品を生かした郷土ゆかりの作家や美術に関連するものや、多岐にわたる国内外の優れた作品を集めた企画展を行っています。

愛媛県美術館

松山城と城下町を一望できる「松山総合公園」

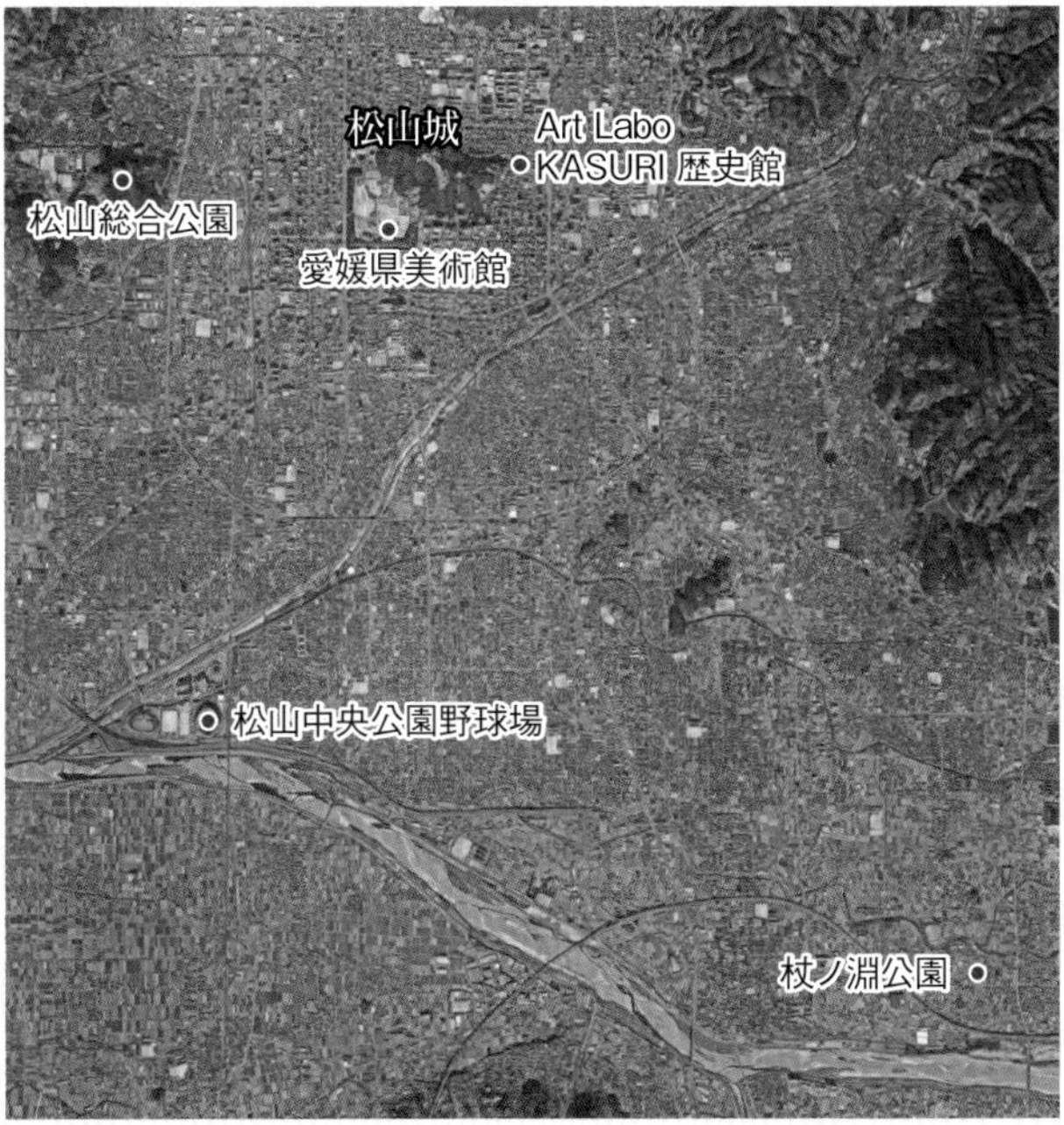

松山城の西約2キロ先に位置する「松山総合公園」は、平成元年（１９８９）につくられました。園内には、季節の花木が楽しめる「椿園」や「さくらの丘」などがあります。

展望広場にはヨーロッパの古城風展望台が立ち、公園のシンボルになっています。展望広場からは、松山城や城下町が一望できます。令和４年（２０２２）８月には、日本夜景遺産（自然夜景遺産）に認定され、夏には同じく日本夜景遺産の松山城のライトアップを見ることもできます。

松山総合公園

「全国名水百選」に選ばれた湧水で知られる四国遍路にも関連する「杖ノ淵公園」

松山城の南東約7キロ先に位置する「杖《じょう》ノ淵《ふち》公園」は、昭和45年（１９７０）に松山市の公園として開設されました。「湧水池」や「子ども広場」などがあり、地元の子どもたちの遊び場としての設備も整っています。

杖ノ淵公園は、高い水質の湧水で知られています。この湧水を守ろうという地元住民の活発な保存活動が高く評価され、昭和60年（1985）には、全国で100か所のみが選定される「全国名水百選」の1つに選ばれました。

観光名所を兼ね備えた親水公園としての拡張整備が市によって推進され、平成3年（1991）に完了しています。その翌年には、建設省（現在の国土交通省）から贈られる「手づくり郷土賞（暮らしに根づく施設）」を受賞しました。

江戸時代前期の僧、寂本《じゃくほん》が著したとされる『四国《しこく》偏礼霊場記《へんろれいじょうき》』に、「寺は前に池あり、杖乃渕と名づく。むかし大師此処を御杖を以て加持し玉ひければ、水迸騰して、玉争ひ砕け、練色収まらず。人その端を測る事なし」と記されていることから、杖ノ淵公園は四国遍路の第48番札所である、西林寺《さいりんじ》（139ページ参照）の旧地であり、また同寺奥の院であることが明らかとなっています。弘法大師（空海）が干ばつに見舞われたこの周辺地域を潤すため地面に杖を突いて、そこから泉を湧かせたという伝承から、この公園の名がつけられたとされています。

杖ノ淵公園

全国シェア1位の伊予絣にふれられる「Art Labo KASURI」

松山城ロープウェイ乗り場の東側には、「Art Labo KASURI」があります。この施設では、「久留米絣《かすり》」や「備後絣」と並んで、日本三大絣の1つに数えられている「伊予絣（146ページ参照）」の藍染め体験ができます。

伊予絣は、木綿100%で強度が高い点と、柄が多彩であることが特色に挙げられます。絣産業が盛り上がりを見せていた明治37年

Art Labo KASURI

（1904）には、伊予絣は全国生産の26％以上ものシェアで、全国1位を誇っていました。同館では、伊予絣の藍染め体験だけでなく、伊予絣でつくられた品を購入することもできます。そのほか、姫だるまづくり体験や、愛媛のお菓子を購入することもできる。

正岡子規も愛した野球の歴史を野球王国・愛媛で学ぶ

松山城の南西約6キロ先にある「松山中央公園野球場」は、松山中央公園内にある野球場です。松山市を舞台にした夏目漱石の小説『坊っちゃん』にちなみ、「坊っちゃんスタジアム」と呼ばれています。

昭和23年（1948）、松山城三之丸の跡地である城山公園内に、「松山市営球場」が開場しました。老朽化に伴い改修が検討されましたが、国の史跡である城山公園での改修工事は難しいと判断され、平成5年（1993）、松山中央公園に新市営球場などの建設計画が発表されました。のちの平成12年（2000）に、四国で唯一収容人員3万人規模の野球場として、松山中央公園野球場が開場しました。

坊っちゃんスタジアムの正面入口には、「松山市野球歴史資料館」があります。野球創成期から現代までの愛媛・松山の野球史をたどることができる資料館で、「アマチュア野球コーナー」と「プロ野球コーナー」の2つに展示が分けられています。

松山出身の俳人・正岡子規は熱心な野球愛好家でした。自身の幼名である「升《のぼる》」から、雅号を「野球（の・ぼうる）」と名乗ったといわれ、ベースボールを野球と訳したのは正岡子規だという俗説もあるほどです。その雅号にちなんで、「の・ボールミュージアム」という愛称で呼ばれています。

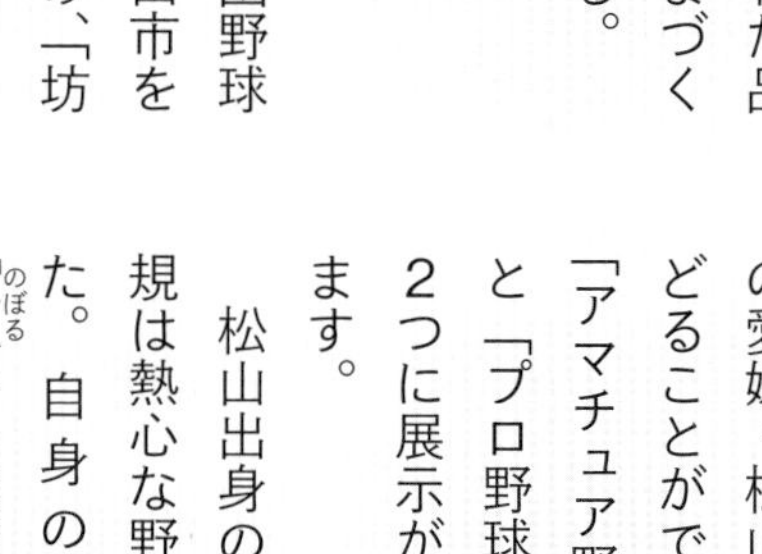

松山中央公園野球場（坊っちゃんスタジアム）

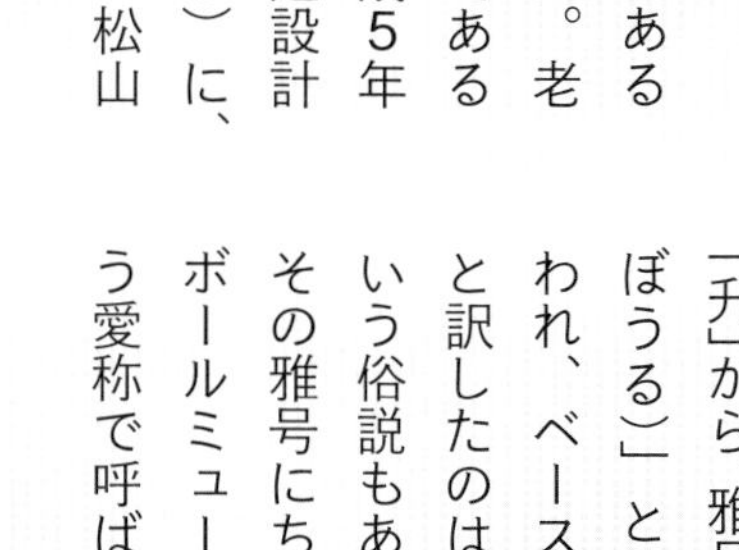

松山市野球歴史資料館（の・ボールミュージアム）

Part 2
松山の城下町を歩く

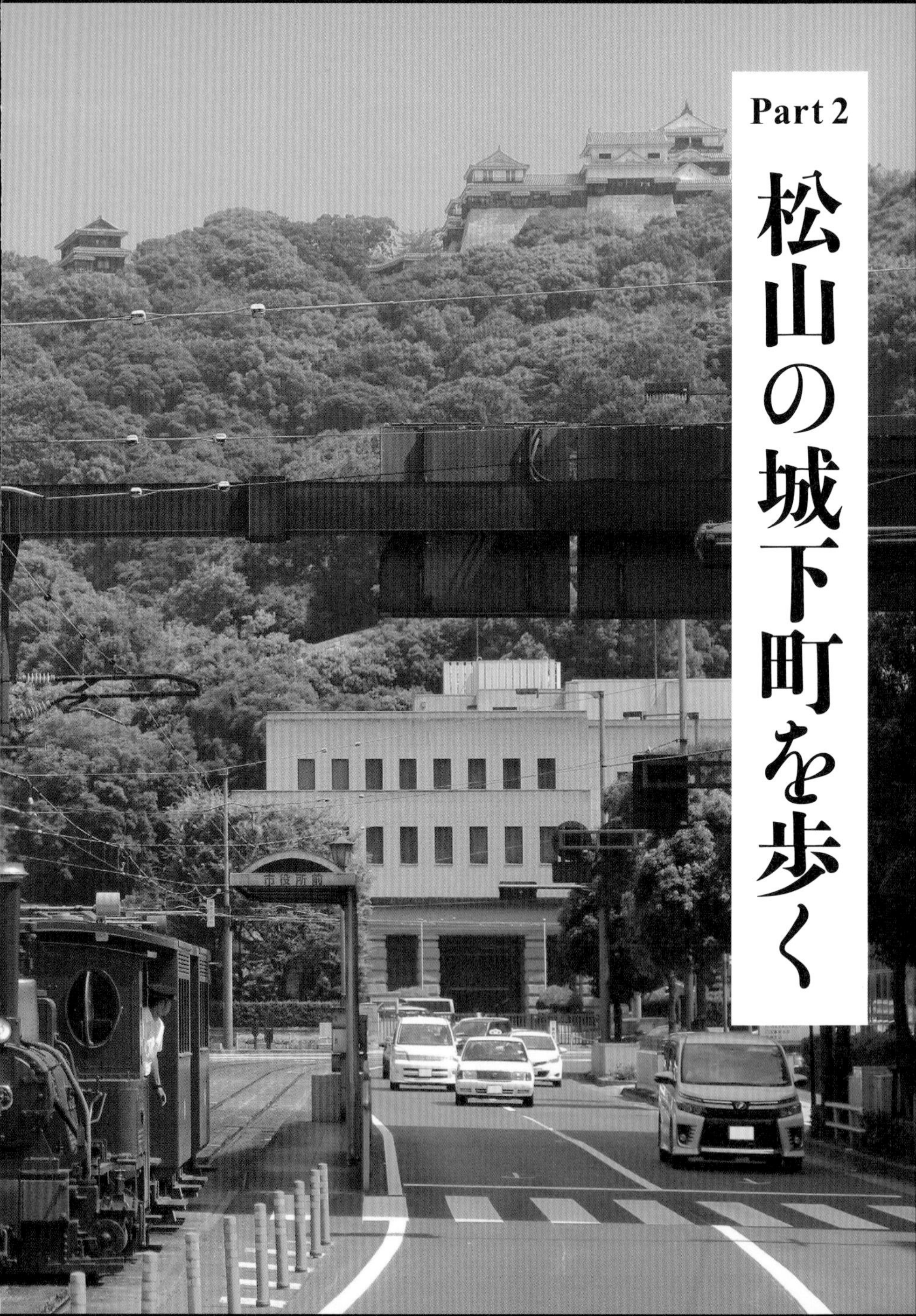

「坊っちゃん列車」と愛媛県庁、松山城

城下町地図

松山城を中心に築かれた松山の城下町は、城南は石手川、城北は寺町に守られ、計画的に設計されている。城東や城南、城西の武家地から開発が始まり、その周辺に武家の生活を支える古町や外側などの町人地が置かれた。ここでは城南、城東、城西、城北に分けて、どのように町が発展して行ったかを追う。

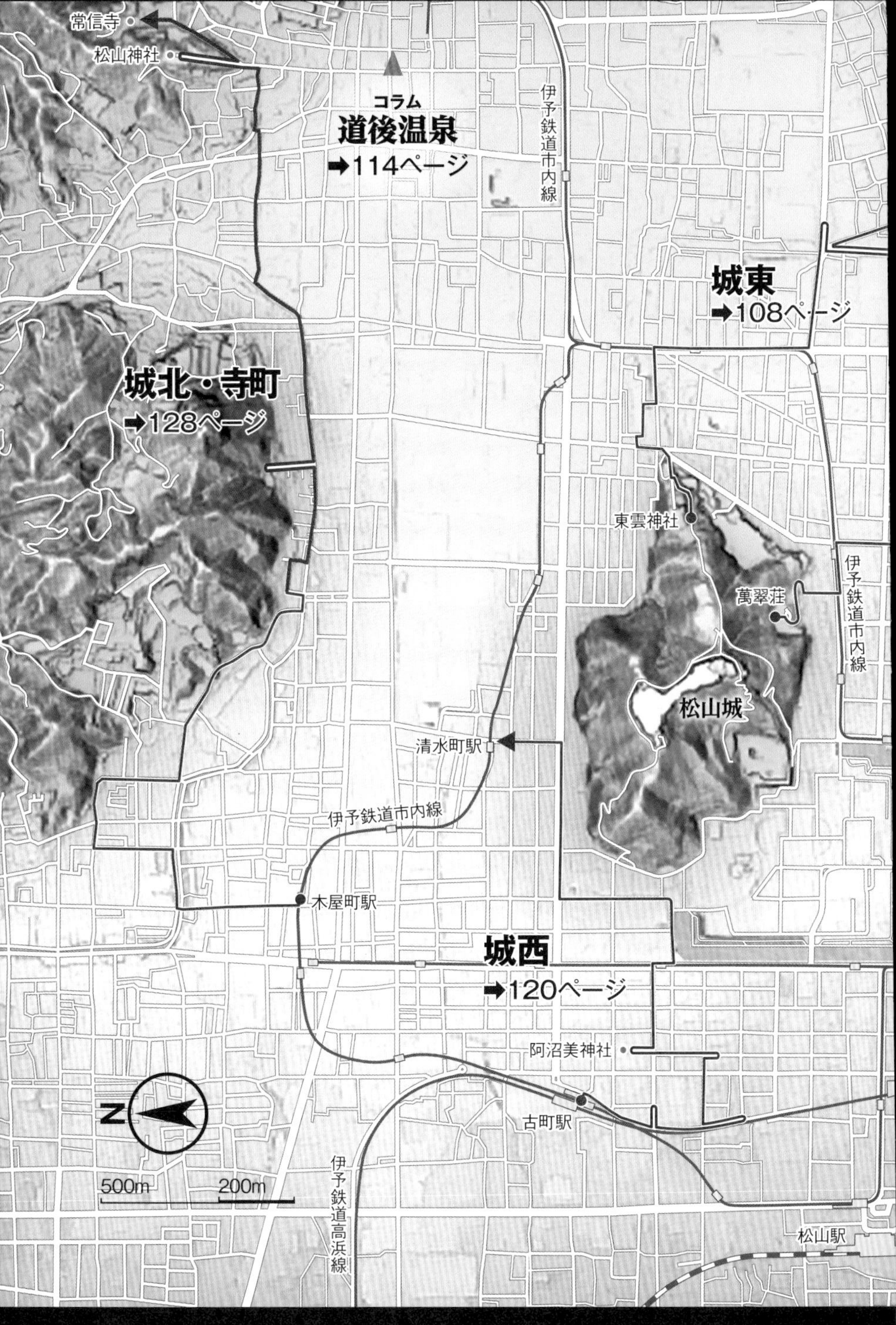
常信寺
松山神社
コラム
道後温泉
➡114ページ
伊予鉄道市内線
城東
➡108ページ
城北・寺町
➡128ページ
東雲神社
萬翠荘
伊予鉄道市内線
松山城
清水町駅
伊予鉄道市内線
木屋町駅
城西
➡120ページ
阿沼美神社
古町駅
N
500m
200m
伊予鉄道高浜線
松山駅

城下 1

松山市の中心に姿を変えた「城南」の武家地・町人地

家老屋敷跡に建つ欧風建築「萬翠荘」

松山の町づくりは、関ケ原の戦い（1600）での活躍により20万石を得た加藤嘉明が、慶長7年（1602）、松山平野の中心である勝山に城を築いたことに始まります。初めに勝山を取り囲むように武家地が形成されました。現在の若草町付近にあたる山の北西部（120ページ）と、ロープウェイ街にあたる山の東側、そして一番町から三番町にあたる山の南側がかつての武家地です。城の東部と南部に武家町が形成されたことにより、城下町の南東部には商業地が生まれました。この地域は現在、「大街道《おおかいどう》」「銀天街《ぎんてんがい》」と呼ばれる大きなアーケード商店街になっています。

ここでは、城の一角ともいえる南山麓に建つ「萬翠《ばんすい》

藩政時代の井戸　萬翠荘の前庭にある井戸。藩政時代のものと考えられており、今も水が湧いている。

萬翠荘　現在は愛媛県の所有となり、美術品の展示などが行われている。国の重要文化財。●伊予鉄道「大街道」駅より／松山市一番町3-3-7

荘《そう》」を起点に、城南地域を見ていきます。この萬翠荘は、松山城主を務めた久松松平家の子孫である華族・久松定謨《さだこと》が、大正11年（1922）につくった別邸です。

萬翠荘の敷地には、もともと松山藩の家老屋敷がありました。前庭には今も松山城築城当時に掘られた井戸が残っています。陸軍駐在武官としてフランスに長く暮らした定謨の好みを反映したフランス風の建物で、皇族の来訪もありました。

　また、明治28年（1895）、愛媛県尋《じん》常《じょう》中学校（のちの旧制松山中学校）の英語教師として赴任した夏目漱石は、この家老屋敷の離れに一時下宿しています。当時は愛松亭《あいしょうてい》という料亭になっており、『坊っちゃん』（148ページ）の題材ともなりました。現在ではそのことにちなんだ同名

一番町　伊予鉄の路面電車（市内線）の線路が通り、オフィスビルなどが軒を連ねる。

の喫茶店が営業しています。漱石は「眺望絶佳の別天地」と愛松亭からの眺めを自慢する手紙を、友人の正岡子規に送っていますが、家老屋敷だった江戸時代も城下を望む眺望が楽しめる場所だったことが想像できます。

官庁街になった武家地「一番町」

萬翠荘から「坂の上の雲ミュージアム」と「松山地方裁判所」の間を抜けて南へ歩くと、国道11号線に出ます。ここでは東(左)に進みますが、仮にこの大通り沿いに西に進めば、愛媛県庁前で松山城の三之丸に行きつきます。宝暦年間（1751〜64）のものとされる『松山城下町宝暦図』を見ても、東御門の北に大通りが見えます。現在の町割りが、当時と大きくは変わらないことがわかります。

この大通り沿いが「一番町《いちばんちょう》」という一帯です。そこから南に「二番町《にばんちょう》」「三番町《さんばんちょう》」が並びます。三番町の南に千舟町《ちふねまち》通りがあり、その南が湊町《みなとまち》です。この一帯が、築城当初からある武家地です。

三之丸（堀之内）や一番町の山麓に上級武士の屋敷が集まっていました。たとえば県庁のある場所は松山藩の家老である奥平家の屋敷跡です。先ほど通り過ぎた裁判所辺りにも家老の屋敷が続いていました。

二番町から南側には、一番町よりは多少身分の低い武士が住んでいました。夏目漱石が正岡子規と出会っ

『**松山城下町宝暦図**』（部分）　薄茶色が武家地、黄土色が町人地を示す。（個人蔵）

た「愚陀仏庵《ぐだぶつあん》」こと上野家の離れが、もともとあったのも二番町です。武人として知られる昭和の陸軍将校・白川義則《しらかわよしのり》の生家なども二番町にありました。

明治以降の商業の中心地「大街道」

東に少し歩き、伊予鉄道「大街道」駅の辺りで国道11号線を渡ると、大街道のアーケード街が始まります。松山市の中心地としてにぎわう界隈《かいわい》です。その始まりは、松山城が築かれてほどなく、一番町〜三番町の武家地東側に成立した町人地です。

ただ、江戸時代に町人地として最もにぎわっていたのは、地租免除などの特権が与えられた城西地区の「古町《こまち》」でした。一方、南東部の町人地は「外側《とがわ》」と呼ばれ、特権などは与えられませんでした。その分、藩から強い影響を受けることもなく商業活動が行われたようです。

江戸中期以降、外側への商業の集積が進むなか、明治時代に入り、古町の地租免除がなくなると、商業の中心地は城の南に移ってきます。この頃にとくに大きな発展を見せたのが大街道です。それまでは小川が流れていて、やぶなども見られる、やや物寂しい一帯だったようですが、大正時代に小川が埋め立てられて以降、急速に商店が増え、今のようなにぎやかな商店街へと発展していきました。

なお、大街道という名称がつけられたのは、昭和5年（1930）のことです。外側のなかでも大街道付近は、江戸時代には「小唐人町《ことうじんまち》」と呼ばれていました。朝鮮出兵で捕虜として連れ帰った朝鮮人を居住させたことに由来するといわれています。今でも、道後秋祭りの神輿《みこし》にその名残を見ることができます。

大街道　若者の姿を多く見かける大街道の入口。地元野菜の朝市が開かれることもある。

伝統と歴史を重ねた商店街「銀天街」

大街道を500メートルほど歩くと、千舟町通りを越えた辺りから、銀天街のアーケードが始まります。銀天街は途中で西に折れ、東西に長く延びています。東西に長いことから、かつては「長町」と呼ばれていました。この辺りが武家地と町人地の南側の境で、長町にも武家の屋敷が混じっていました。

外側の商人たちが力をつけてくると、長町の南を流れる石手川の支流「中ノ川」が重宝されるようになりました。当時、松山周辺の交通は陸路よりも海路が主であり、その中心となっていたのが「三津《みつ》」です。中ノ川は外側から三津までをつないでいました。

陸路よりも低予算で物資を運び込むことができたため、長町は貨物運搬でにぎわうことになります。結果、『松山町鑑《まちかがみ》』にあるとおり、正徳3年（1713）に長町は「湊町」とも呼ばれるようになりました。大街道よりも早くから栄えた商業地ということになります。

現在でも、大街道のにぎやかさとは趣の異なる、やや

銀天街　藩政時代、今でいう大街道との境目には魚屋が多く、魚の棚とも呼ばれた。

塩屋呉服店　銀天街にある呉服屋・塩屋は文政２年（1819）創業。ほかにも創業100年以上の老舗がいくつか見られる。●伊予鉄道「松山市」駅より／松山市湊町3-8-3

中ノ川　現在の中ノ川。中ノ川通りの中央分離帯になっている。高島屋付近から撮影。

落ち着いた商店街となっています。

銀天街を西端まで歩くと伊予鉄道「松山市」駅前に出ます。左（南）に折れると、ほどなく中ノ川通りに行き当たります。この通りを少し歩いてみると、今でも中ノ川が流れていることが確認できます。

「藤原口」は現在の松山南高校付近

中ノ川通りを渡り、さらに南へ進むと、右手に「愛媛県立松山南高校」が見えてきます。その正門辺りが城下南方の入口「藤原口」でした。

松山南高校正門　藤原口があったであろう場所は現在、松山南高校になっている。周囲は古くからの商店街。

松山の城下町には13の出入口が配置されていました。藤原口もその1つです。

松山南高校から道を挟んで東側にある「興聖寺《こうしょうじ》」は、寺伝によれば聖徳太子が道後に来浴した際に創建したという古刹で、寛永4年（1627）に2代松山城主・蒲生忠知が再興したとされています。大林寺が松平家の菩提寺となった際に、蒲生家の墓が移された寺でもあります。

義士の寺として有名で、赤穂浪士《あこうろうし》10人が江戸の松山藩邸で切腹した際、介錯《かいしゃく》を務めた宮原久太夫頼安《みやはらきゅうだゆうよりやす》は親密な間柄だった木村岡右衛門《おかえもん》と大高源五《おおたかげんご》の遺髪を松山へもち帰り、興聖寺で供養したと伝わります。現在も同寺には、頼安が建立《こんりゅう》したとされる2人の墓があり、近くには宮原家の墓や大高子葉《おおたかしよう》（大高源五）の句碑が立てられています。

このほか、興聖寺の北には松山藩久松松平家が松山城下に設けた寺の1つであり、松平定行の正室 長寿《ちょうじゅ》

興聖寺　赤穂浪士ゆかりの寺として知られ、12月には義士祭も催される。
●伊予鉄道「松山市」駅より／松山市末広町14-1

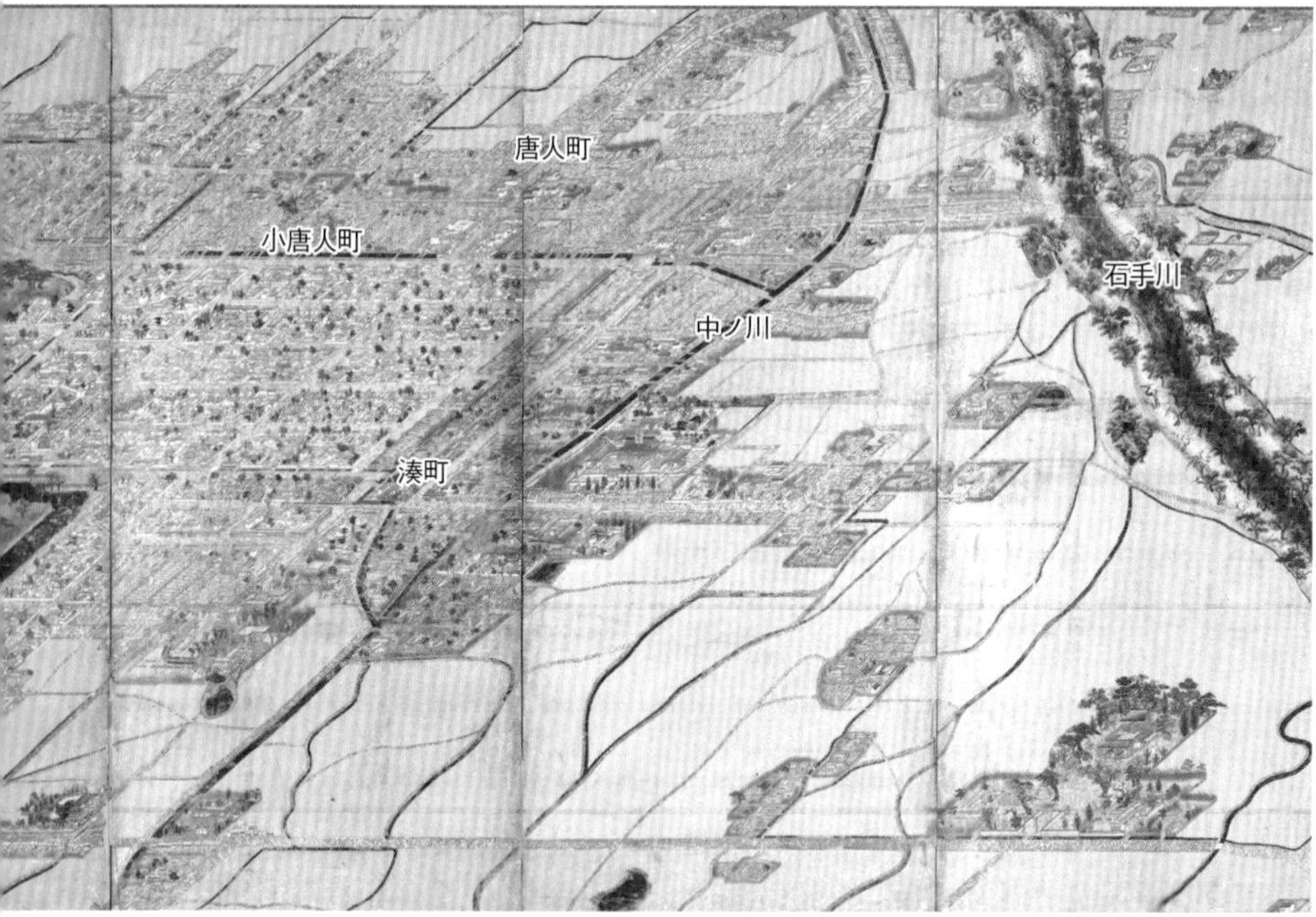

院《いん》の墓所が残る「法龍寺《ほうりゅうじ》」もあります。城下町の出入口付近に重要な寺を配置するのは、近世城下町にはよく見られる構成で、城の防衛的な意味合いももっています。

法龍寺　久松松平家４か寺の１つ。境内はこども園が併設されている。●伊予鉄道「松山市」駅より／松山市柳井町3-8-14

「石手川」に設けられた公儀番所

松山南高校からさらに南に歩くと、「石手川」が見えてきます。川辺は緑地として整備されており、近隣住民の憩いの場となっています。

末広橋で左（北東）に折れ、石手川沿いを歩いていくと、伊予鉄の線路を越えた辺りで見えてくるのが「立花橋」です。立花橋付近には城下町への出入口である「立花口」がありました。立花口は土佐（現在の高知県）へ向かう土佐街道と通じていて、重要な出入口として

『松山城下図屏風』（部分） 江戸時代中期の屏風。風景は元禄年間（1688〜1704）と推定される。この時点ではまだ小唐人町（大街道）よりも、湊町（長町）や唐人町のほうが栄えていた様子が見て取れる。（愛媛県歴史文化博物館蔵）

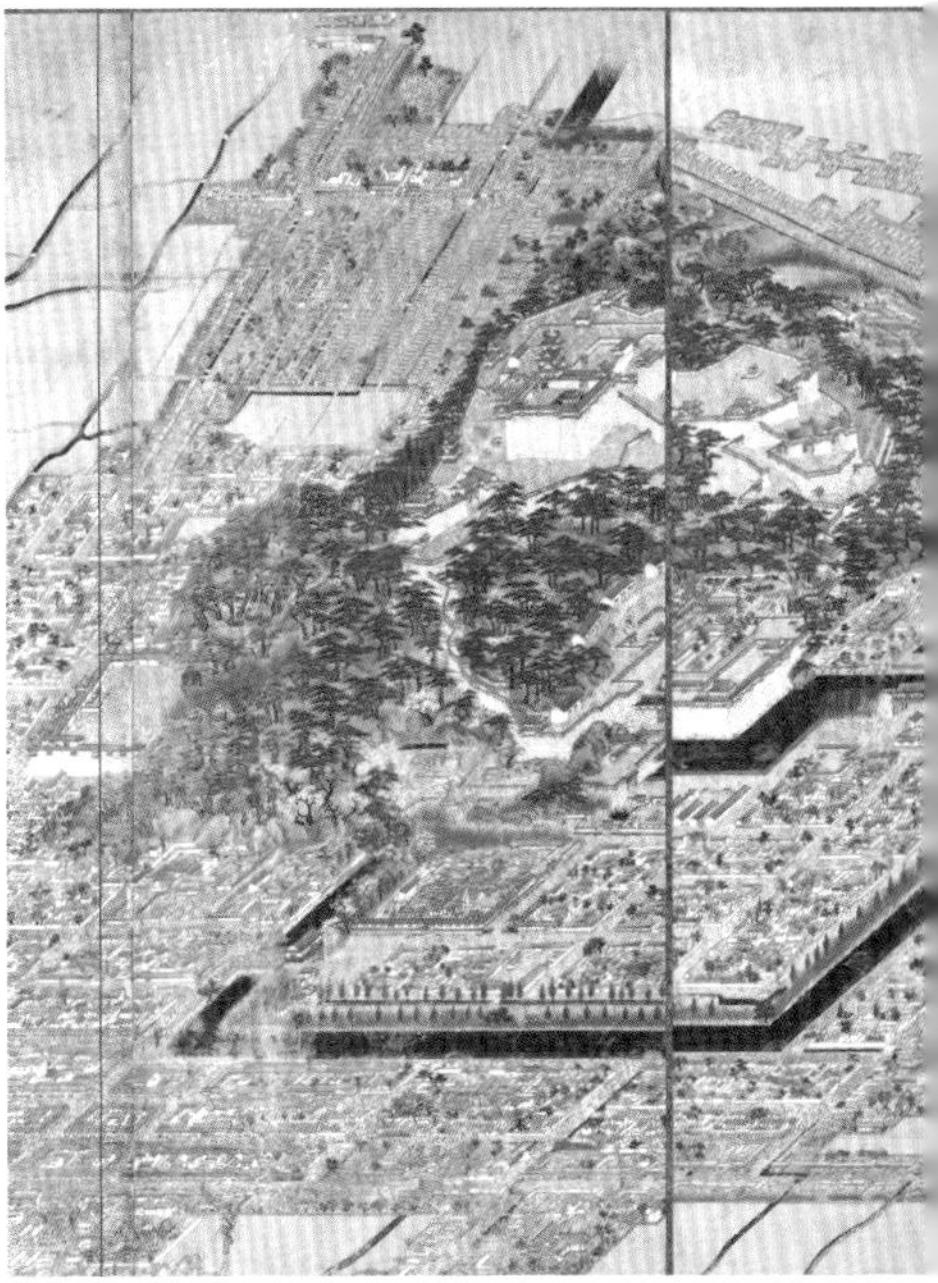

公儀番所が置かれていました。

旅行者の通行や商品流通の取り締まり、出入の税徴収などが行われていました。番所周辺には宿屋や大きな商家が見られ、周辺の水呑町《みのみまち》（現在の柳《やな》井町《いまち》）は商業地として栄えることになります。

さらに川沿いに進み、緑地の東端を過ぎた辺りに「新立《しんだて》橋」が架かっています。讃岐（現在の香川県）に通じる讃岐街道につながる「新立口《しんだてぐち》」があり、ここにも公儀番所が置かれていました。ほとんど名残はありませんが、この新立口から武家地の間には「唐人町《とうじんまち》」が広がりました。大街道が小唐人町と呼ばれたのと同様に、朝鮮出兵で連れてこられた朝鮮人を住まわせたためだといいます。絵図などを見ると、大街道辺りよりも、むしろにぎわっているような様子が見て取れます。

実際に歩いてみると、陸上交通の要衝は南東側に集まっていることが感じられます。陸上交通が発達し、古町の優遇がなくなった明治以降、一番町などの旧武家地、そしてその東側に発生した旧町人地に、松山の中心が移っていったのも自然な流れだったといえます。

石手川 上流には石手川ダムがあり、水量を調節しているため、現在の水量はあまり多くない。

城下 2

御用商人につくらせた堀と土塁が残る「城東」

「東雲神社」から延びる「念斎堀」

松山城の東側は現在、観光客の多く集まる「ロープウェイ街」があり、「松山大学」や「愛媛大学」といった学校が多い地域となっています。藩政時代は城南同様、武家地が形成されていました。そして東端にはやはり寺院が配置され、東側から南東部にかけて土塁と堀が築かれました。

この堀は慶長年間（１５９６〜１６１５）の初代城主である加藤嘉明が御用商人・府中屋念斎《ふちゅうやねんさい》につくらせたもので「念斎堀《ねんさいぼり》」とも呼ばれました。念斎は嘉明に仕えた松本新左衛門《しんざえもん》の妻のきょうだいだったことで嘉明から厚く信頼されていたようです。

土塁は松山城東雲《しののめ》口付近から、東へおよそ１キロ延び、愛媛県中予地方局総合庁舎の東側付近で南に折れてさらに１キロほど続きました。堀はそれよりもやや短かったと考えられています。

ここでは東雲口付近に建つ「東雲神社」から、この土塁・堀に沿って藩政時代に名残を追っていきます。

東雲神社参道　加藤嘉明公騎馬像の背後から東雲神社への参道が延びる。

松山東雲中学・高等学校　●伊予鉄道「大街道」駅より／松山市大街道3-2-24

東雲神社は文政６年（１８２３）に11代藩主・松平定《さだ》通《みち》が、久松松平家の祖である久松定勝《さだかつ》の神霊をまつり、12代藩主勝善が天保11年（１８４０）に社殿を完成させました。土塁はこの東雲神社の東側から始まりまし

た。松山城下の外縁は土塁と堀がセットで設置されており、堀を掘ったときに出た土を積み上げてつくられていたことから砂土手《すなどて》とも呼ばれていました。

また、東雲神社の南西には現在は松山東雲中学・高等学校がありますが、江戸時代には東郭《ひがしのくるわ》が置かれていました。久松松平家の時代には家老の奥平氏、水野氏のなどの屋敷がありました。

堀の跡につくられた「東雲公園」

近辺にはっきりとした土塁は見られませんが、1つ名残を見つけることはできます。東雲神社から松山城ロープウェイ「東雲口」駅を通り過ぎ、参道下の五叉路を北へ進むと、右手（東）の住宅奥に「東雲公園」があります。大型の遊具な

東雲神社本殿　松山藩の庇護下で盛んだった能の道具を多数所蔵している。●伊予鉄道「大街道」駅より／松山市丸之内73-1

東雲公園　大型遊具などがあり、隣接する保育園の園児の遊び場ともなっている。●伊予鉄道「上一万」駅より／松山市東雲町7-2

東雲公園に立つかわらけ堀跡の案内板

どがある広々とした公園ですが、東西に細長い敷地で、若干南側が高くなっています。昭和30年（1955）に埋め立てられてしまうまで、この場所には「かわらけ堀（土器《かわらけ》堀《ぼり》）」と呼ばれる堀が残っていました。念斎堀の一部です。南側の高低差は土塁（砂土手）の名残だとされます。

　東雲公園から1本南の道を東へ進みます。土塁と堀は「常楽寺《じょうらくじ》六角堂《ろっかくどう》」付近を通り、県道20号線の通る辺りを越えて愛媛県中予地方局総合庁舎の東側付近で南に折れていました。この辺りも第二次世界大戦前までは堀と土塁が残されていたようですが、今は名残は見られません。

六角堂稲荷　正式には常楽寺というが、境内の六角堂と稲荷神社にちなんで六角堂稲荷として親しまれる。●伊予鉄道「上一万」駅より／松山市勝山町2-18-2

愛媛県立松山東高校　藩校･明教館をルーツにもつ県下最古の高校。●伊予鉄道「勝山」駅より／松山市持田町2-2-12

藩校「明教館」が残る「松山東高校」

再び砂土手を見ることができるのは「愛媛県立松山東高校」の付近です。総合庁舎付近の道は狭いため、ここでは県道20号線沿いに南に進みます。勝山交差点で左（東）に曲がり、国道３１７号線沿いに３００メートルほど歩くと、高いフェンスに囲まれたグラウンドが見えてきます。松山東高校のグラウンドです。少し高くなっているところにフェンスが設置されているのがわかります。この土手が土塁の名残ではないかと考えられます。土塁はさらに続きますが、堀はこの松山東高校付近で終わっています。

松山東高校には、ほかにも藩政時代の遺構があります。文政11年（１８２８）、11代藩主・定通は藩士の文武稽古所として二番町に藩校を設立しました。その講堂の名が「明《めい》教館《きょうかん》」です。昭和12年（１９３７）に当時、旧制松山中学校だった松山

明教館　松山東高校の敷地内には現在も明教館の建物が残されている。

東高校の敷地内に移築されました。現在でも授業で使われているとき以外であれば見学が可能です（要事前申込）。

ちなみに松山東高校は県内でもトップクラスの進学校で、大江健三郎や伊丹十三も在学していました。また、正岡子規は前身である旧制松山中学校に通いました。司馬遼太郎の『坂の上の雲』の主人公にもなっている、秋山好古《あきやまよしふる》・真之《さねゆき》の兄弟も通っていました。少し西方に離れますが、松山東雲中学・高校の東側に「秋山兄弟生誕地」として生家が復元されています。

藩士の泳ぎの練習場「お囲い池」

此花町交差点を渡り、まっすぐ南に進むと、野球の名門として知られる「愛媛県立松山商業高校」があります。とくに遺構は見られませんが、往事の様子を描いた絵図を見ると、土塁の最終地点はこの辺りでした。

また、此花町交差点からかつての讃岐街道にあたる県道334号線を南東へ進み、3つ目の角で左（北東）に曲がると、「松山市青少年センター」があります。その一角が「お囲《かこ》い池」の跡地です。今はもう池の姿は見られませんが、現地には案内板が出されています。

お囲い池というのは、今でいうプールで、松山藩が藩士の泳ぎの練習のために地下水を利用して設けたものでした。「お囲い池」と呼ばれるようになったのは明治20年（1887）頃のことといわれ、同30年（1

お囲い池跡　松山市青少年センターにある案内板。もとは松山藩主久松松平家の別荘（花畑）があった場所。●伊予鉄道「勝山」駅より／松山市築山町12-33

８９７）頃には松山高等小学校が使用していた記録が残ります。『坂の上の雲』には秋山真之《さねゆき》がこの場所で兵隊とケンカをしたというシーンが登場します。
県道３３４号線（讃岐街道）に戻り、道なりに進んでいくと、３００メートルほどで石手川にたどり着きます。１０７ページでも触れた、新立口付近です。

土塁から城下町の南の防御を担う石手川まで、中途半端に距離が空いています。一説には、松山東高校で終わっていた堀とともに、本来は惣構《そうがまえ》として城下町を囲む予定だったものが、大坂の陣（１６１４〜15）で豊臣家が滅亡し、必要がなくなったことから途中で工事が止まったのではないかともいわれます。

ちなみに、正岡子規は「砂土手や西日をうけて蕎麦《そば》の花」という句を読んでいます。当時の松山で生きた人々にとって、土塁が松山を代表する風景の１つとして刻まれていたことがわかります。

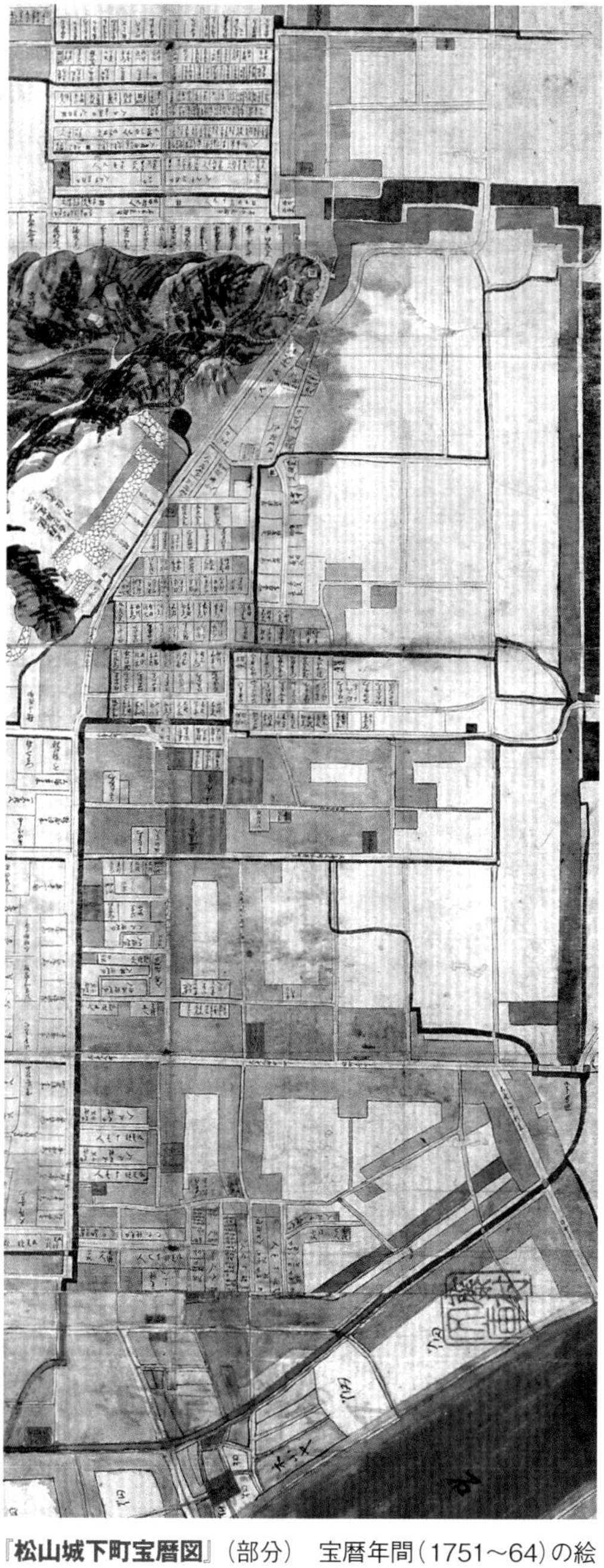

『松山城下町宝暦図』（部分）　宝暦年間（1751〜64）の絵図。緑で示されているのが土塁。（個人蔵）

日本最古の温泉「道後温泉」を含む湯築城の城下町

日本三古湯の1つとして知られ、大国主命と少彦名命が訪れ、聖徳太子も来浴したなど、数々の伝説に彩られた道後温泉。歴史ある温泉と、その周辺に残る史跡をめぐる。

道後温泉本館　本館以外に飛鳥時代の建築様式を取り入れた「飛鳥乃温泉」と市民が集う「椿の湯」がある。●伊予鉄道「道後温泉」駅より／松山市道後湯之町4-30

河野氏の居城だった「湯築城」八社八幡の一番社「伊佐爾波神社」

道後温泉のある道後地区は、そもそも地元の有力豪族・河野氏が築城した「湯築城《ゆづきじょう》」がありました。伊予鉄道「道後公園」駅の東側に広がる道後公園がその湯築城跡で、松山城からは2キロほど東にあたります。公園全体が標高約30メートル、直径約350メートルの円形をしており、外周には堀や土塁が残り、現在でもそのまま見ることができます。

道後公園 湯築城跡　園内は自由に散策できる。展望台からは松山城からはるか瀬戸内海まで見通せることもある。（松山市教育委員会提供）

外堀土塁　道後公園の外堀。近世の城である松山城に比べて、どことなく柔らかな印象。

湯築城資料館
湯築城資料館の内部。城にまつわる歴史や発掘調査の結果などがわかりやすく示されている。●伊予鉄道「道後公園」駅より／松山市道後公園1

湯築城は14世紀末から16世紀末までの約250年の間、河野氏の居城となった城です。その後、戦乱の時代を経て、江戸時代に入ると松山藩の管理となりました。湯築城は石垣や天守のない平山城《ひらやまじろ》でしたが、二重の堀と土塁が城を囲っていました。

　道後公園の北東にある「松山市立子規記念博物館」の東側から北に進むと、長い石段が見えてきます。これは道後一帯の氏神をまつる「伊佐爾波《いさにわ》神社」の参道です。石段の数は135段。見上げるとはるか上方に朱塗りの社殿が見えます。この伊佐爾波神社は創建当初は現在の道後公園に鎮座していたとされますが、湯築城築城の際に河野氏によって、鎮守社として現在の場所に移されました。その後、加藤嘉明が松山城を築城した際、城を守護する八社八幡を定めたときには伊佐爾波神社を一番社に定めました。

　現在の社殿は、3代藩主・松平定長によって建てられたものです。定長が江戸城で弓の競射を命じられた際に、伊佐爾波神社の八幡神に祈願したところ、見事

伊佐爾波神社　本殿は京都の石清水八幡宮を手本にして建立されたという。様式は八幡造様式で、全国に3例のみとされる。●伊予鉄道「道後温泉」駅より／松山市桜谷町173

命中することができたお礼に建て替えられたとされています。

足湯や坊っちゃんカラクリ時計がある観光客の玄関口「道後・放生園」

伊予鉄道「道後温泉」駅前にある広場のような場所が、「道後・放生園《ほうじょうえん》」です。伊佐爾波神社が現在の場所に遷座した際、境内を流れる御手洗川《みたらいがわ》の水を用いて「放生池」がつくられた場所ですが、後年、埋め立てられて広場となりました。放生園は道後商店街の入口にあたり、道後温泉を訪れた観光客が最初に足を止める場所ともいえます。

道後・放生園の足湯　湯は道後温泉と同じ湯をかけ流しにしている。

神代の昔、道後温泉で傷を癒やしたという白鷺の足跡が残っているとされる「鷺石」や、明治24年（1891）から昭和29年（1954）まで道後温泉本館で使われていた湯釜から流れる「足湯」「坊っちゃんカラクリ時計」などがある人気のスポットです。

道後・放生園の坊っちゃんカラクリ時計　道後・放生園のシンボルともいえる。道後温泉本館の振鷺閣がモチーフになっている。●伊予鉄道「道後温泉」駅より／松山市道後湯之町6-7

3000年もの歴史を誇る伝説の尽きない「道後温泉」

放生園からさらに北へ歩くと、「道後温泉」に到着します。道後温泉は日本最古の温泉ともいわれ、その歴史は3000年とも伝えられています。『日本書紀』や『源氏物語』などにも登場し、鎌倉時代に編纂《へんさん》された『日本書紀』の注釈書『釈日本紀』の「伊予国風土記逸文」には、大国主命《おおくにぬしのみこと》が少彦名命《すくなひこなのみこと》の重病を道後温泉の湯で治したという話が記されています。また、推古天皇4年（596）には聖徳太子が道後を訪れ、まるで寿国《じゅこく》（理想の国）だと称えたという話も残されています。

風情あふれる本館は、道後湯之町初代町長・伊佐庭《いさにわ》如矢《ゆきや》が明治27年（1894）に改築した木造3階建ての建物で、その後も増改築を繰り返し、現在では4棟が組み合わさった複雑な形状をしています。道後温泉本館前には道後商店街がL字形に延び、とてもにぎやかな界隈です。そのにぎやかさは藩政時代も同様で、江戸時代後期作成の『道後温泉絵図』を見ると、平屋の道後温泉までをL字形の道がつなぎ、湯治宿や土産物屋などが軒を連ねていることがわかります。

3階の大屋根の上にある「振鷺閣《しんろかく》」には太鼓が吊るされ、1日3回打ち鳴らされます。この太鼓は刻《とき》太鼓と呼ばれるもので、明治27年（1894）に道後温泉本館が開業したときから続く伝統の儀式です。朝6時ちょうどに聞こえる「ドーン」という太鼓の音から道後温泉の一日は始まります。

道後温泉を庶民に開き 施設の充実をはかった初代藩主・松平定行

道後温泉には、皇族や貴族、高僧などが名湯として訪れていました。しかし、庶民に開かれたのは江戸時代頃からです。

古代日本における温泉は、国司や有力寺院、あるいは豪族が管理・統括していました。道後温泉においては8世紀に行基と伊予の豪族・越智《おち》氏がその経営と湯釜の設置を行ったことが『予州《よしゅう》道

『寛永15年絵図』 寛永15年（1638）に描かれた道後温泉の様子。（『道後温泉本館の歴史』松山市発行より転載）

後温泉古事記』に記されています。中世に入ってからはこの越智氏の流れをくむとされる河野氏が「温泉館」を設置して温泉の経営・管理を行っていました。

江戸時代に入ると、松山藩はこの道後温泉を収入源として大いに活用しはじめます。初代藩主・松平定行は、寛永13年（1636）に道後温泉の施設充実に乗り出します。

温泉の様子を描いた『松山叢談　第二巻上　津田家記』によれば、定行は温泉を3つの区画に分け、「一の湯」は士人《しじん》や僧侶、「二の湯」は婦人、「三の湯」は庶民男子が利用できるようにしていたようです。ほかにも、士人の妻が利用できる「十五銭湯」、旅客や庶民が利用できる「十銭湯」「養生湯」を設けました。

古くから栄えた道後温泉を重要な財源にしていた松山藩

ちょうど同じ頃、四国八十八ケ所霊場をめぐる四国遍路（134ページ参照）も庶民へと広がり始めていました。道後には、四国遍路のルーツに関わる言い伝えをもつ石手寺があり、遍路の途中で道後温泉に寄る人々も多く、当時から人気のスポットでした。

そのような歓楽街を藩が管理するのは不都合が多いということで、藩は修験道場の明王院に管理を任せるようになりました。藩は明王院を温泉の「鍵預り」に任じ、明王院は温泉役場の役割を果たします。湯治に訪れた人は明王院に湯銭3分を納付し、明王院が指定する旅館に宿泊させられていたようです。やがて、湯銭は藩の財政にとって大きなものとなっていきます。

藩は旅人を大切にするよう地元に求め、また住人も旅人からの収入に頼るようになっていきました。湯治宿は、宝暦年間（1751～64）には34軒でしたが、明和年間（1764～72）頃になると72軒に増えたとい

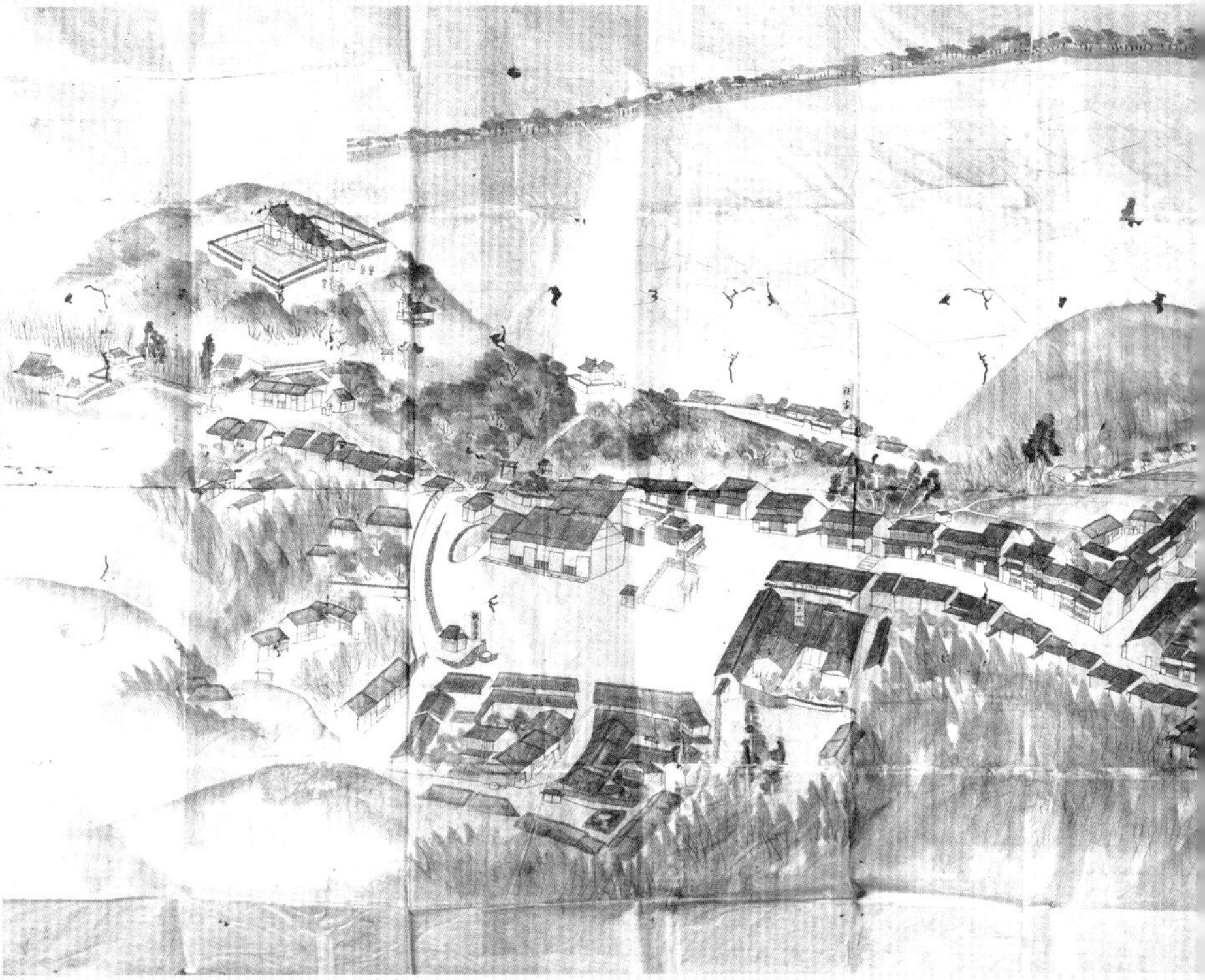

『道後温泉図』　江戸時代後期のものとされる絵図。中ほどの広い空間が道後温泉で、その右下に明王院が見える。（愛媛県歴史文化博物館蔵）

われています。

道後温泉本館の南側は高台になっており、「空の散歩道」と呼ばれる遊歩道になっています。その先に立つのが「湯《ゆ》神社」です。じつは道後温泉は地震で何度も湯が止まっており、そのたびにこの湯神社や伊佐爾波神社などで、藩主を筆頭に町人ともども大がかりな祈禱が行われています。このことからも松山藩にとっての道後温泉の重要性がよくわかります。

湯神社　新春の初子祭には餅まきなどが行われる。●伊予鉄道「道後温泉」駅より／松山市道後湯之町4-10

計画的に商人・職人が集められた「城西」

松山最初の町人地「古町」

初代城主・加藤嘉明は、慶長7年（1602）に堀之内などに武家地を開いたのに次いで、翌慶長8年（1603）、城西に松山最初の町人地をつくりました。これらの町々は現在、「古町《こまち》」と呼ばれています。

武家が生活していくためには、日用品や武具などが欠かせません。嘉明の旧城があった松前《まさき》（現在の伊予郡松前町）といった近隣の町などから、それらの販売や生産を行う商人・職人を誘致するため、古町は開かれた当初から地租が免除されていました。この地租免除は明治に入るまで続き、古町は江戸時代を通して松山城下経済の中心地として栄えます。

昭和20年（1945）の大空襲によって、古町の大部分は焼失しました。しかし、戦後に行われた区画整理では、戦前の道路構成を基本として整備が行われたため、道幅の変更などはあるものの、城下町としての町割りを残したまま市街地が形成されています。ここでは、名前のとおり古町の一角に位置する伊予鉄道「古町」駅から、かつての町の痕跡を探していきます。

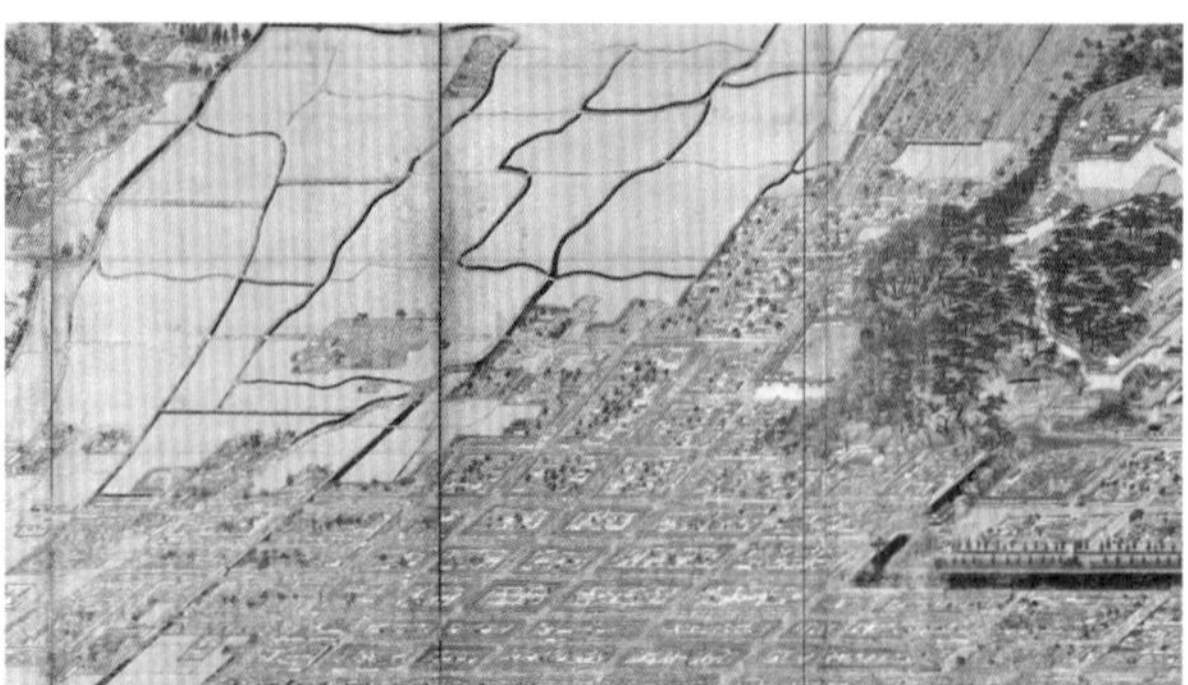

『松山城下図屏風』（部分）　古町周辺を抜粋。非常に写実的で、古町の町家が漆喰塗りだったこともわかる。（愛媛県歴史文化博物館蔵）

西を守る松平家の菩提寺「大林寺」

古町駅から線路沿いに南に向かって直進し、1つ目の交差点を左（東）に曲がると「大林寺《だいりんじ》」があります。

一見しただけでは会社の事務所のようですが、建物の奥をのぞくと、庭園が整備されていて、梵《ぼん》鐘《しょう》や墓石があることもわかります。

2代城主・蒲生忠知が寛永4年（1627）に創建した見樹院《けんじゅいん》を、3代城主・松平定行が現在の

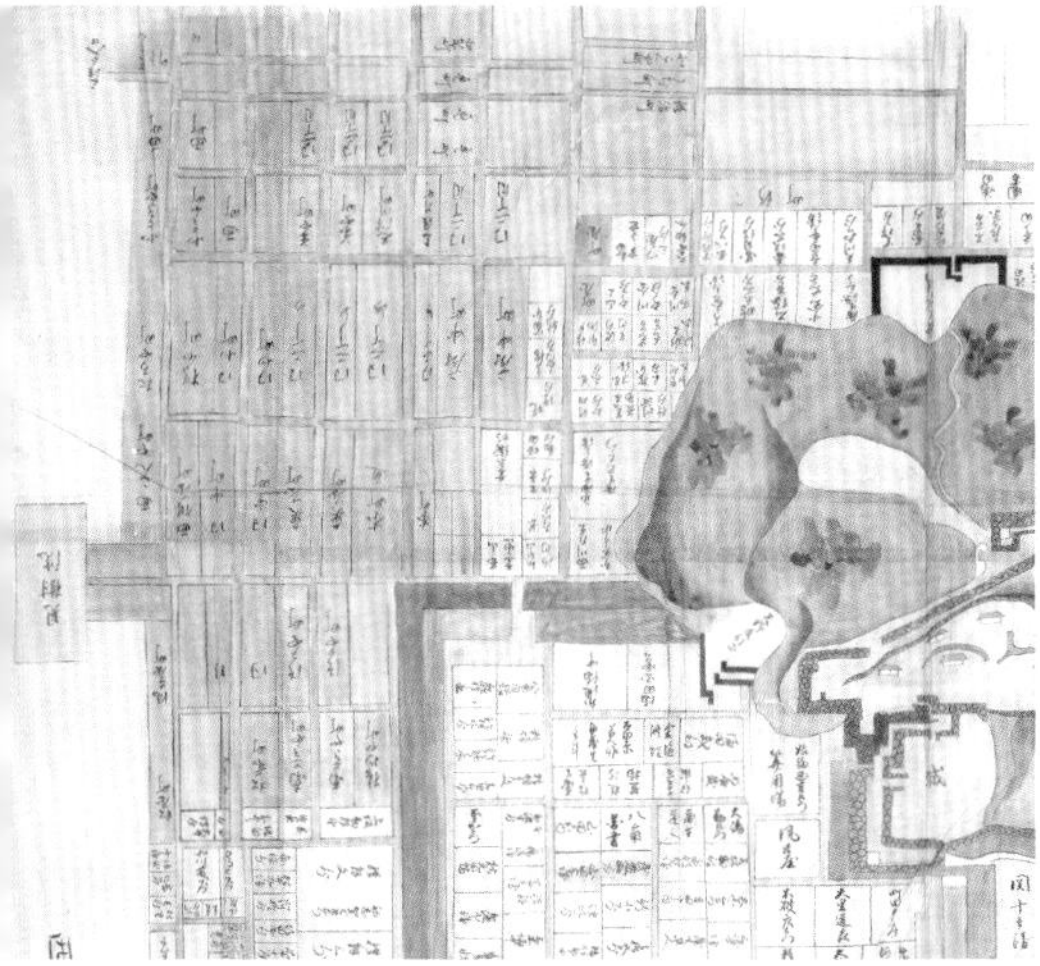

『蒲生家伊予松山在城之節郭中屋敷割之図』（部分）　寛永4年（1627）から数年の間の屋敷割図。西に「見樹院」が描かれ、その東には古町が赤色で示されている。町割りはこの頃からほとんど変わらない。（愛媛県歴史文化博物館蔵）

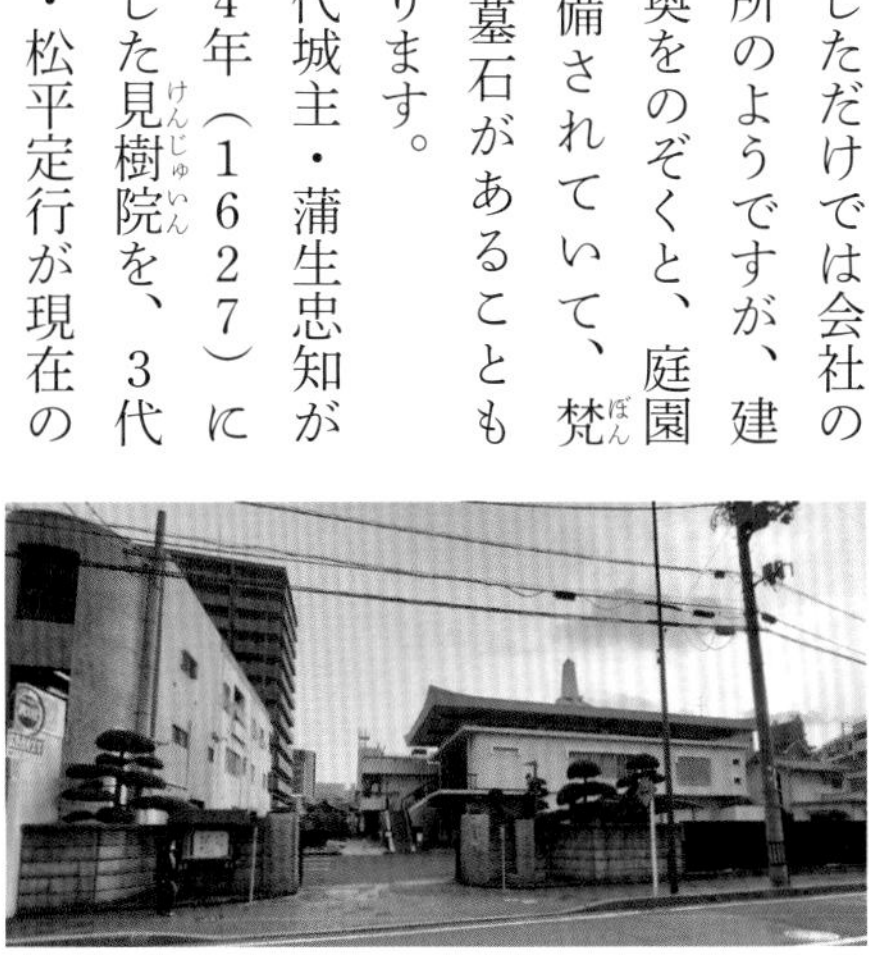

大林寺　明治期には松山で最初にロシア兵の捕虜収容施設としても使用された。●伊予鉄道各線「古町」駅より／松山市味酒町2-14-6

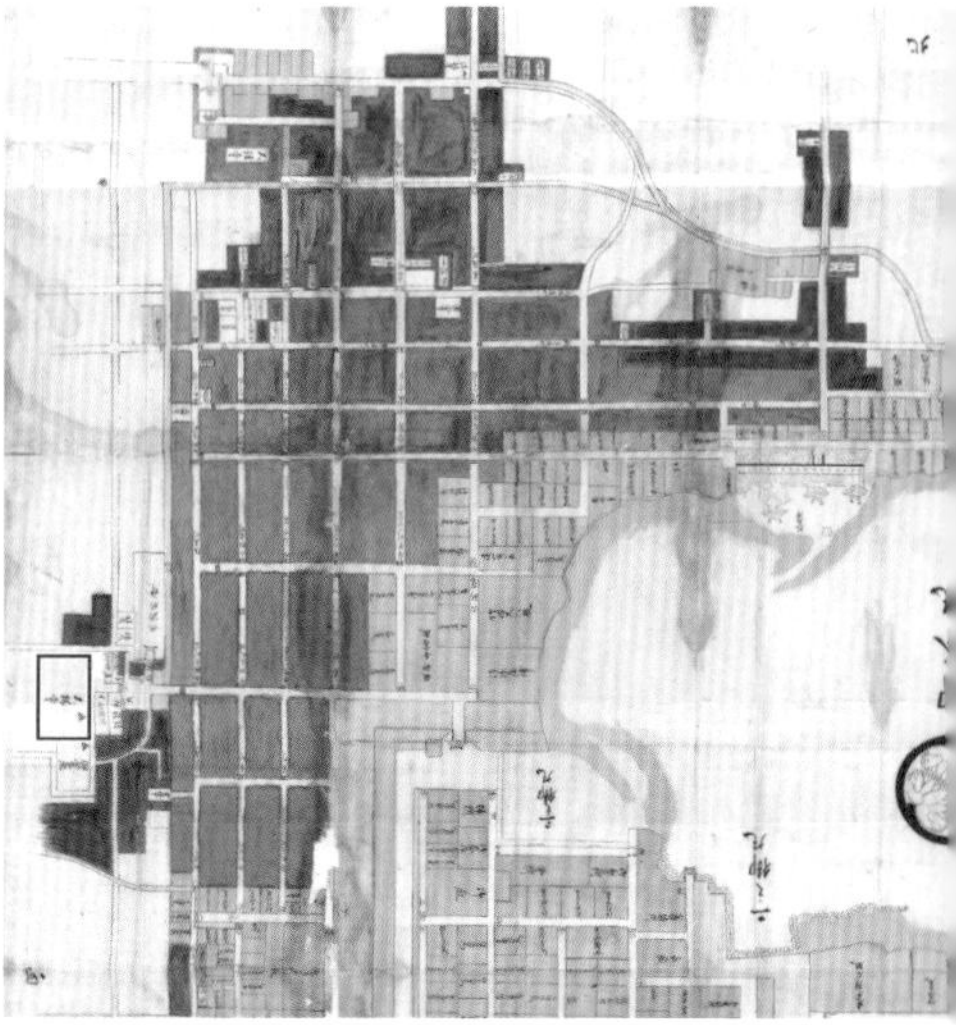

『松山城下町嘉永図』（部分）　嘉永6年（1853）頃の絵図。見樹院が大林寺に改められており（赤枠内）、今の敷地よりかなり広い境内をもっていたことがわかる。（愛媛県歴史文化博物館蔵）

大林寺へ改めました。松平家の菩提寺《ぼだいじ》であり、松山城の天守からいつでも拝めるように、東向きに本堂がつくられたとされています。

大林寺は松山の城下町の西端でもありました。じつはこの場所には、見樹院の前にも寺院がありました。嘉明の長男である加藤明成《あきなり》が、元和3年（1617）に名僧・雲居希膺《うんごきよう》を迎えるために宝珠新寺《ほうしゅうしんじ》を開きました。加藤家が会津に転封となった際に禅師も一緒に移ったため、宝珠新寺も途絶えています。

このような松山城ゆかりの寺院が古町には複数現存しています。たとえば木屋町2丁目にある円福寺《えんぷくじ》は忠知の肖像画や遺品を収蔵しています。城と縁の深い町人地だったということが感じられます。

俳人・栗田樗堂が隠棲した「庚申庵」

大林寺から線路沿いの道に戻り、さらに南に向かうと、左手（東）に「庚申庵《こうしんあん》史跡庭園」が見えてきます。「庚申庵」は、正岡子規が近世伊予第一の俳人とたたえた栗田樗堂《くりたちょうどう》が、寛政12年（1800）、隠棲するために開いた庵《いおり》です。松尾芭蕉の「幻住庵《げんじゅうあん》」にならって、茶や句会を催す庚申庵をつくった旨が、樗堂の日記『庚申庵記』に記されています。

庚申庵は樗堂の死後ひどく傷んでしまいましたが、平成12年（2000）に公有化されたのを期に整備が進められ、現在は往事の姿が蘇っ

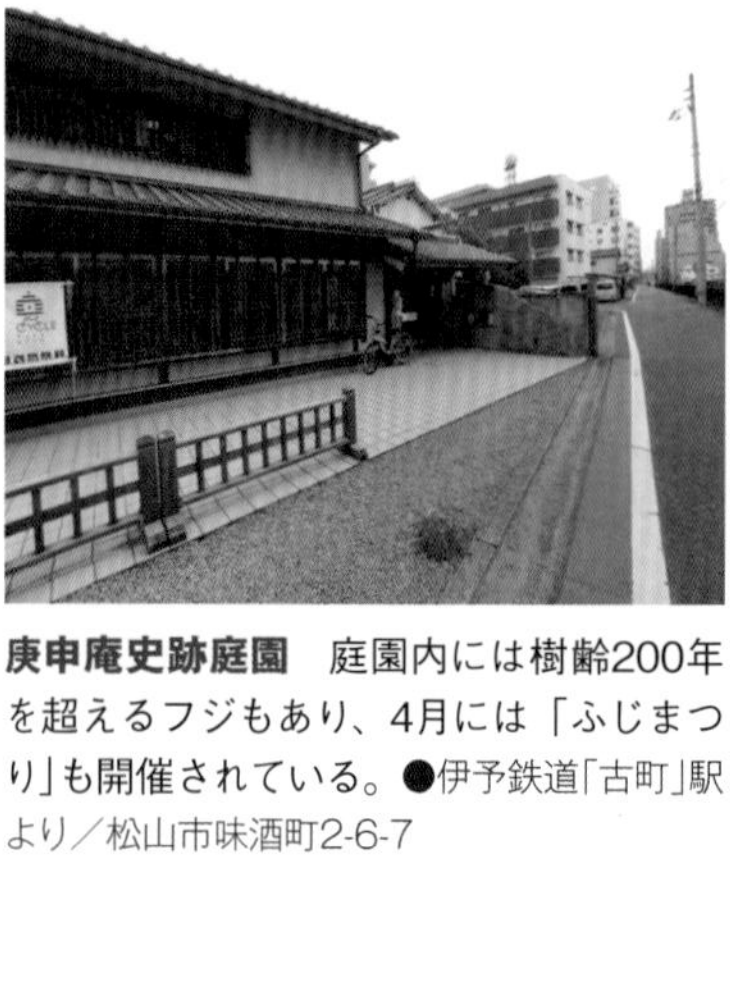

庚申庵史跡庭園　庭園内には樹齢200年を超えるフジもあり、4月には「ふじまつり」も開催されている。●伊予鉄道「古町」駅より／松山市味酒町2-6-7

ています。8センチにも満たない原木の丸みを残した面皮柱に、最低限の木材で支えられている屋根など、樗堂の隠棲への願いが感じられる質素なつくりとなっています。庚申庵の周囲には庭園が整備され、四方から見て回ることができます。また、庚申庵は内部も見学することが可能です。

樗堂自身についても触れておきます。彼は酒造業を営む後藤家の生まれで、同業の栗田家に養子として入った人物です。家業で成功を収め、町方大年寄（町役人の筆頭）として活躍しました。本人の才覚もあるでしょうが、もともと「栗田家」は江戸時代の松山有数の商家です。加藤嘉明が古町を整えるに際し、特権を与えた有力な商家の1つであり、町方大年寄を多数輩出した家柄です。これに樗堂の実家である「後藤家」と「曽我部《そがべ》家」を加えた3家が古町の中心的な役割を果たしていました。

庚申庵　庚申の年につくられたことに加え、この場所にもともと庚申堂という祠があったことが名の由来という。

築城成就の祈願が行われた「阿沼美神社」

庚申庵史跡庭園を出てもと来た道を少し戻り、最初の十字路を右（東）へ向かいます。2つ目の十字路を右（南）に入ると「雲祥寺《うんしょうじ》」があります。こちらも松山城と縁の深い寺院で、寺伝によると勝山にあったものが、築城に伴って移設されたといいます。時代を感じさせる山門は江戸時代のもので、第二次世界大戦の戦

阿沼美神社　主祭神は味耳命と大山積命。水の神として、酒造業者などからも崇敬される。右写真が拝殿。●伊予鉄道「古町」駅より／松山市味酒町3-1-1

雲祥寺　日露戦争時にはロシア兵の捕虜収容所としても使用されていた。●伊予鉄道「古町」駅より／松山市味酒町2-10-7

火を逃れた貴重な建築物です。

　雲祥寺から北に向かうと、突き当たりに広々とした境内をもつ神社が鎮座します。南から北へ参道がまっすぐ延びていて、正面の拝殿のほか、境内の東端に末社が4社建っています。

　この神社が、歴代松山藩主から崇敬を受け、嘉永元年（1848）の本壇再建時に祈願が行われたことでも知られる「阿沼美《あぬみ》神社」です。もともとは勝山にあり、慶長年間（1596〜1615）に嘉明によって今の場所に遷座されたと伝わります。

阿沼美神社の末社　右から伊予夷子神社、勝山八幡神社、味酒天満神社、金刀比羅神社。

東端に並ぶ末社は、南から伊予夷子《いよえびす》神社、勝山八幡《かつやまはちまん》神社、味酒《みさけ》天満神社、金刀比羅《ことひら》神社の4社です。このうち、勝山八幡神社も、もとは勝山にあった神社です。築城のための調査に向かった嘉明の重臣・足立重信らが見つけたとされ、二度の遷座を経て、明治8年（1875）に阿沼美神社の末社となりました。

「萱町」や「松前町」、歴史を刻む町名

ここまで歩いてきた一帯は、現在「味酒町《みさけまち》」という町名になっています。今の味酒町は昭和にいくつかの町が統合されて生まれたものですが、「味酒」という名前には長い歴史があります。5世紀頃の松山に君臨した豪族の1つとして味酒部《うまさけべ》氏という名前が伝わります。そこに由来するのかはっきりしませんが、松山周辺にはいくつか味酒とつく地名がありました。たとえば勝山はもともと味酒山と呼ばれました。ちなみに味酒部とは酒造業者のことで、松山が酒造に適した米の産地だったことを示すという説があります。

阿沼美神社から東へ進んでいきます。東西に延びる道に、南北に延びる道が垂直に交わり、きれいな長方形の街区がつくられていることが感じられます。

地図を見ると、南北に延びる道を中心に、町名が変わっていくことがわかります。阿沼美神社の東が「萱町《かやまち》」、次が「松前町《まさきまち》」、さらに「本町《ほんまち》」と続きます。これらはいずれも古町が成立してすぐの頃からある町名です。

萱町は、同じ職種の人たちが集まって店舗を構えた、職人町の1つです。その名のとおり、茅《かや》やそれを使う家の屋根を商う店舗が集まりました。このような職業名を冠した町名は、松山では古町以外には見られませ

松前町　松前町3丁目辺りを南から撮影。きれいな長方形街区となっている。

ん。

松前町は、加藤嘉明の旧城があった松前から商家などが移り住んだ界隈です。先ほど述べた栗田家などの有力な町人が住む、古町の中心地でした。

本町は一般的な城下町の本町と同じように、城の正面の目抜き通りです。こうして見ていくと、古町が城下町の中心地だったことがよくわかります。

五街道の出発点となる「札の辻」

ほどなく国道196号線沿いに出ます。右（南）に進み次の交差点までくると、外堀のほとりに「松山札之辻」と刻まれた石碑が見えます。この交差点は、江戸時代に法や禁制などを町人に知らせる高札場が設けられていたため、「札《ふだ》の辻《つじ》」と呼ばれます。

多くの城下町で高札場は奉行所などに近く、人通りの多い通り沿いに設けられました。それは松山も同様です。

松山札之辻の石碑（右） 左の碑には各街道の里程が刻まれている。

札の辻は、讃岐（現在の香川県）に通じる「讃岐街道」、土佐（現在の高知県）に通じる「土佐街道」、大《おお》洲《ず》に通じる「大洲街道」、今治に通じる「今治街道」、三《み》津《つ》に通じる「三津街道」の出発点となっていました。

これらの街道のなかでも、とくに重視されたのが三津街道でした。三津街道は、松山に城が置かれた要因にもなっている重要な港、三津につながり、三津から

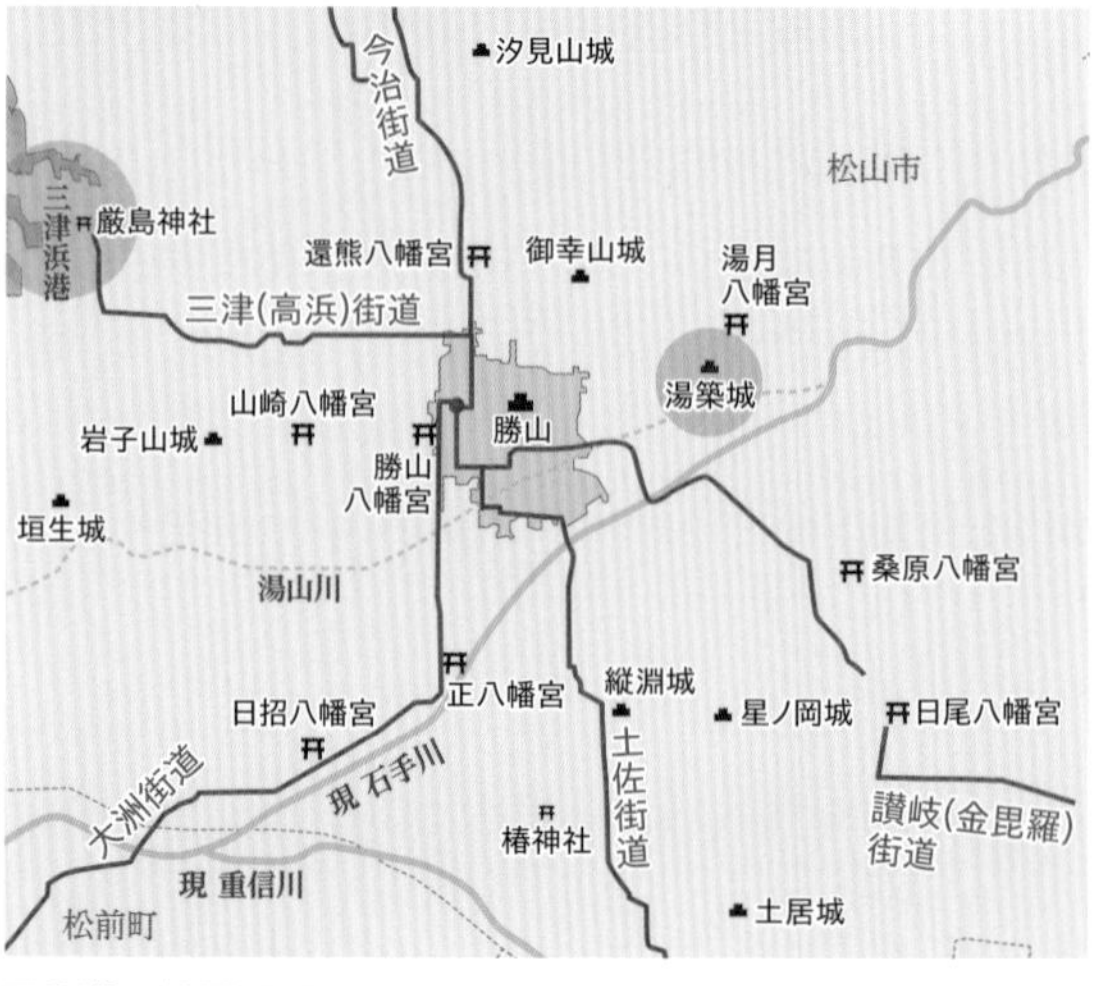

五街道の位置関係　札の辻を起点に、5つの街道が延びている。

の海路は陸路以上に重要視されていて、参勤交代の際にも使われました。

松山札之辻の石碑から東に進むと、三之丸の北側入口にたどり着きます。北側入口は往時には北御門と呼ばれ、35ページで述べたとおり、三之丸の大手口だったと考えられています。北御門の正面、現在若草町といわれる辺りは、地図を見ると国道196号線の西側よりも町割りが大きく取られています。松平定行が入城して以降、町奉行所が置かれた場所です。江戸時代には府中町《ふちゅうまち》と呼ばれました。

さらに北に足を延ばせば「平和通り」にたどり着きます。平和通りの北側も古町の一部です。平和通り沿いを東に進めば、「鉄砲町《てっぽうちょう》」という町名が残り、職人町だった名残が感じられます。また、平和通りの南側には現在はホームセンターや旅館などがあるだけですが、江戸時代には松山城搦手の守りとして北郭《きたのくるわ》が置かれていました。加藤嘉明の時代には古町の町割りに関わった重臣佃十成《つくだかずなり》の屋敷が、松平定行の時代には一族の松平定之などの屋敷がありました。

ここで改めて古町の立地を見てみると、松山城の北西に位置し、その北には寺町が置かれています。先ほど述べたように、この時代の松山への交通は、三津を経由した海路がおもでした。攻め手への備えも北が重視されたことが予想されます。古町は、寺町や北郭などとともに城を守る役割も期待されていたのです。

平和通り　第二次世界大戦後の復興のなかで幹線道路となった。

北郭跡　平和通4丁目辺りを北側から撮影。明治に収容所として使われて以降、北郭は放置され、現在では痕跡は見られない。

信仰と武力で松山を護る「城北」の支砦「寺町」

寺町の西端「天徳寺」と「長建寺」

初代城主・加藤嘉明は、松山城築城の際に行った城下町づくりで、城北に「寺町」をつくりました。嘉明の旧城があった松前（現在の伊予郡松前町）や道後から、丘陵地に沿った「御幸《みゆき》」エリアに寺院を移転させたり、建立したりしています。

松山藩とゆかりの深い寺町の寺院は、松山城の北の丘陵地に沿った「御幸」地域の東西に広がっています。その東の延長は城の北東にあたり、鬼門（北東）封じの役割をもつ寺社のある「祝谷《いわいだに》」地域となります。

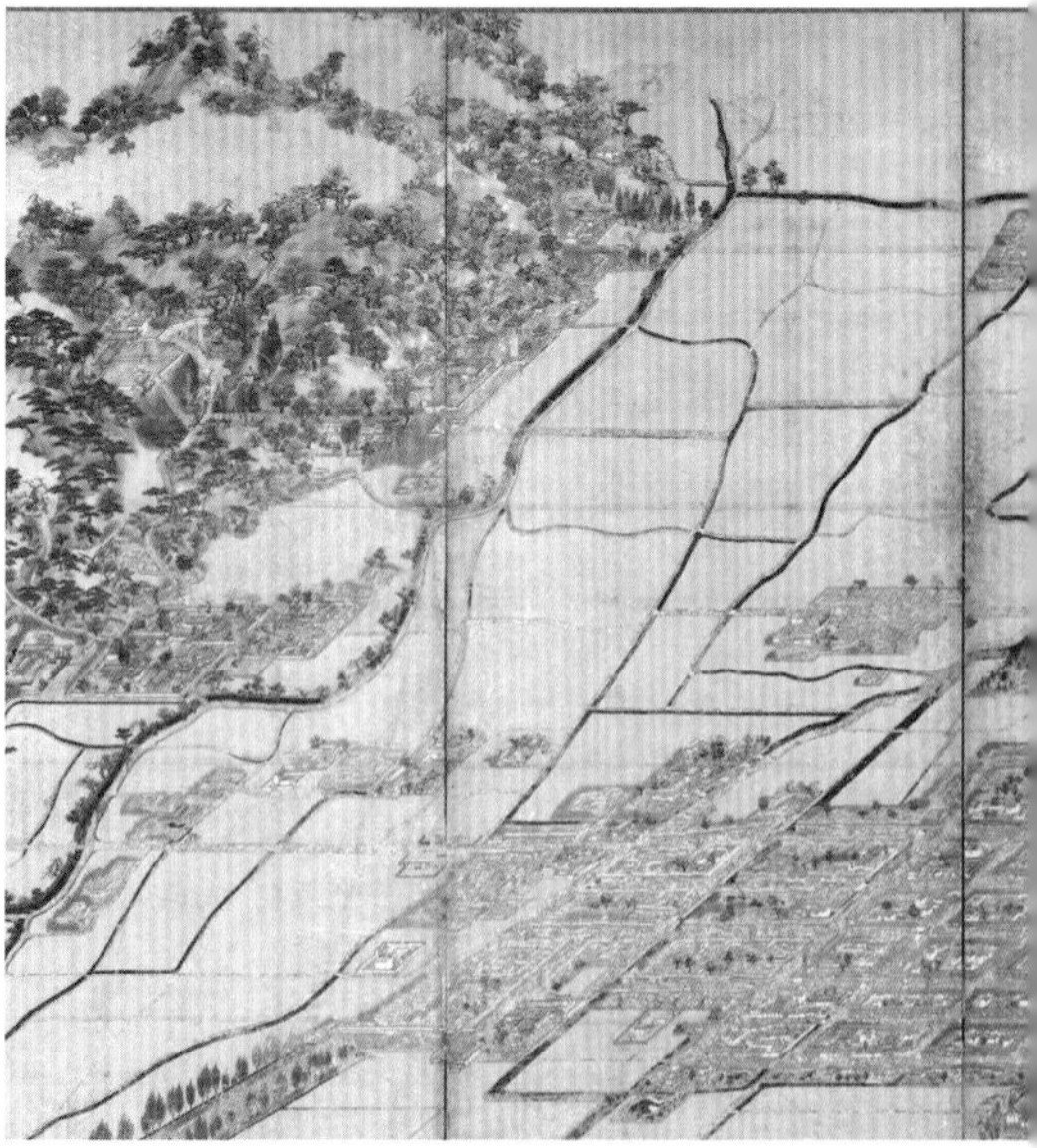
『松山城下図屏風』（部分） 城北の「御幸」辺りを抜粋。（愛媛県歴史文化博物館蔵）

伊予鉄道「木屋町《きやちょう》」駅から木屋町を北進します。木屋町の北端にある、松山市内最大の遍路道の道標を左（西）に見ながら、大川の「御幸橋」を渡って右（東）に曲がり、「地蔵尊」の前を通って、桜並木の続く川沿いを東に進みます。桜橋のたもとで左（北）に折れ、住宅街の中の「御幸町二丁目7」の表示で右（東）に

曲がると、正面に鮮やかな黄色とオレンジ色の塀が見えてきます。「天徳寺《てんとくじ》」の塀です。塀に沿って道なりに歩くと山門に到着します。

　天徳寺は、道後祝谷にあったものが、慶長8年（1603）に加藤嘉明によって移築された寺院です。松山城主の蒲生忠知、松平定行らも寺領を寄進して寺の保護に努めました。

　第二次世界大戦の戦災を逃れた寺の1つであり、ひときわ目立つ大きな本堂は、享保年間（1716〜36）に改築されたものです。境内には初代藩主・松平定行に仕えた山本権兵衛《ごんべえ》の墓のほか、毎年旧正月16日頃に開花する松山市指定天然記念物の十六日桜もあります。

天徳寺　加藤嘉明の頃、本山である京都妙心寺から、住職を長く務めた南源を招いた。以来、多くの名僧を輩出。●伊予鉄道「木屋町」駅より／松山市御幸1-267

遍路道の道標　木屋町の北端にある松山市で一番大きい道標。

長建寺　日清、日露、第一次世界大戦中の捕虜、第二次世界大戦中の疎開児童の収容所でもあった。●伊予鉄道「木屋町」駅より／松山市御幸1-281

天徳寺から南側の弘願寺《ぐがんじ》の白壁に沿って歩くと、大川に行き当たる辺りで左手（東）に「長建寺《ちょうけんじ》」が見えます。天正11年（1583）、真誉上《しんよしょう》人《にん》を開山として旧城下の松前に創建されたといわれています。加藤嘉明によって慶長8年（1603）に現在地に移築されました。境内にある江戸時代後期につくられたとされる庭園は今もその美しさを伝え、境内には松尾芭蕉、種田山頭火《たねださんとうか》などの句碑があります。

松山藩ゆかりの人々が眠る「来迎寺」

長建寺を出て東へ進み、道の両脇に並ぶ長久寺《ちょうきゅうじ》・法華寺《ほっけじ》・不退寺《ふたいじ》の門前を横切り、さらに直進すると松山大学のグラウンド前に「来迎寺《らいこうじ》」の石段と山門が現れます。

寺町のほぼ中央に位置する来迎寺は、もともと道後の放生池《ほうじょうち》跡付近に河野氏によって創建されたといわれています。寛永2年（1625）、加藤嘉明によって寺町に移され、さらに延享2年（1745）、現在地に移築されたと伝わります。

来迎寺と松山藩との関係の深さを物語るものとして、境内墓地の最上部付近の丘にある「足立重信の墓」が挙げられます。足立重信は、加藤嘉明に従い松前から松山に移り住み、

来迎寺　写真は足立重信の墓（左）とロシア兵の墓（右）。●伊予鉄道「木屋町」駅より／松山市御幸1-525

松山藩の普請奉行として石手川や重信川の改修、松山城築城に尽力しました。遺言に従って松山城がよく見える来迎寺の丘に埋葬されたと伝わります。

境内には、松山藩医の家に生まれ、江戸で活躍した「日本の物理学の祖」とも呼ばれる青地林宗《あおちりんそう》の墓、藩校明教館教授を務めた正岡子規の祖父・大原観山《おおはらかんざん》の墓もあります。また、寺院の北側には、日露戦争時に寺町で収容されたロシア兵捕虜のうち、傷病死した98名の墓が故郷ロシアのある北を向いて並んでいます。

松山に過ぎたるもの「千秋寺」

来迎寺から東へ向かい、松山大学薬学部薬用植物園の先を左（東）へ折れてしばらく進むと、左手に小さな橋があり、奥に「千秋寺《せんしゅうじ》」の山門が見えます。

千秋寺は、貞享年間（1684〜88）に、4代藩主・松平定直により建立されました。当初は中国の明朝様式の7堂と禅堂20以上をもった壮大な寺院で、「松山に過ぎたるもの」といわれたほどでしたが、一時衰退し、本堂などが第二次世界大戦の戦災で焼失しています。

千秋寺から大川に沿って東へ進み、橋の架かった龍泰寺《りゅうたいじ》への参道の前を過ぎると、左手（北）に見えてくる「一草庵《いっそうあん》」の案内看板に従って北に向かう御幸《みゆき》寺《じ》参道へと入ります。すぐに自由律俳句で知られる種田山頭火の晩年の住居「一草庵」が現れ、さらに直進すると山門に到着します。

寺町の東端に位置する御幸寺は、寺町で最も古い寺院です。寺伝によれば、舒明《じょめい》天皇11年（639）に舒

千秋寺　加藤嘉明の重臣・佃十成の下屋敷の跡地に建立された。寺伝によると山門の扁額は中国の名僧即非の書。●伊予鉄道「鉄砲町」駅より／松山市御幸1-401

御幸寺　天狗が住む修行の山だといわれる御幸寺山《みきじさん》が背後に迫り、本堂には蔵王権現がまつられている。●伊予鉄道「赤十字病院前」駅より／松山市御幸1-401

明天皇が病気療養のために皇后とともに道後温泉に行幸し(『類聚歌林《るいじゅうかりん》』)、当時三木寺と呼ばれていたこの寺を行在所《あんざいしょ》と(仮の住居)としたため、それにちなんで寺名が御幸寺に改められたといわれます。

火災のため延享年間(1744〜48)に建てられた本堂以外は焼失、昭和56年(1981)にはその本堂も老朽化のため再建されました。

鬼門鎮護の「松山神社」「常信寺」

大川沿いの道へ戻り、川沿いに東へと進みます。「道後北代《どうごきたしろ》10」の表示で右(東)へ折れ、湯築《ゆづき》小学校体育館裏を過ぎ、300メートルほど歩くと、県道20号線を越えた辺りでいびつな四叉路に行き着くので、さらに東へ進みます。この辺りから急な坂道になっていて、次の丁字路を左折(北)すると「松山神社」の石段が見えてきます。

松山神社　参道の石段からは市街と鎮護する松山城がよく見える。●伊予鉄道「道後温泉」駅より／松山市祝谷東町640

松山神社拝殿・本殿　石の間は本殿や拝殿より低い土間敷。東照宮本来の形態を残す貴重な建築物で県指定有形文化財。

松山神社は元和4年(1618)、加藤嘉明が湯月八幡宮(現在の伊佐爾波《いさにわ》神社)の境内に祠《ほこら》を建て、徳川家康の霊をまつったのが始まりとされています。いつしか祝谷の常信寺《じょうしんじ》に東照宮として鎮座することとなり、8代藩主・松平定静《さだきよ》の頃、現在地に移されました。以降、鬼門鎮護の神として崇敬されます。

元治2年／慶応元年(1865)、13代藩主・松平勝成《かつしげ》によって現在の社殿がつくられ、明治43年(19

10）に天満宮と合祀されたことで、徳川家康と菅原道真をまつる松山神社となりました。

松山神社の東側の道を神社の塀に沿って北上すると、「常信寺」の山門に行き着きます。境内に足を踏み入れれば、手入れの行き届いた庭が広がります。常信寺の前身については諸説ありますが、慶安3年（1650）、松平定行により江戸の寛永寺《かんえいじ》にならって松山城の鬼門鎮護の寺として再建され、常信寺と改称されて松平家の菩提寺となりました。境内奥には松平定行と弟の定政の霊廟があります。

このように、城北の歴史と文化を今に伝える寺町ですが、有事の際には寺院群の境内に兵を配して城砦や拠点として利用するという、軍事的な目的もありました。加藤嘉明には、慶長5年（1600）の関ケ原の戦いに出陣した際、留守にしていた松前城を三津浜から上陸した毛利軍に襲撃された経験があります。城代家老・佃《つくだ》十成《となり》の活躍によって撃退には成功したものの、松山城下における地割りでは、北方の守りが重視されました。

嘉明は、御幸より北に位置する鴨川《かもがわ》・姫原《ひめばら》間の街道に「七曲《ななまが》り」と呼ばれる七つの曲がり角も設けています。敵の進行速度を遅らせ、松山城の高みから、蛇行して行軍する人馬や武具の数を目測するための工夫でした。現在は国道196号線が整備され、道の曲がりはほとんど残っていませんが、七曲りや寺町づくりは、嘉明がいかに城北の防衛を重視していたかを示しています。

常信寺　寛文5年（1665）、江戸の寛永寺を創建した天海大僧正の弟子・憲海和尚を比叡山から迎えた。
●伊予鉄道「道後温泉」駅より／松山市祝谷東町636

松平定行霊廟
本瓦葺の入母屋造で唐破風をもつ、江戸初期の代表的な霊廟建築。

弘法大師の足跡をたどり四国遍路の変遷を追う

四国４県にまたがる四国八十八ケ所霊場を巡拝する「四国遍路」。1200年を越す歴史を有するといわれ、現在の形になったのは江戸時代のことだという。その起こりと江戸期の藩の対応などを紐解いていく。

松山は〝四国遍路の元祖〟衛門三郎ゆかりの地

四国遍路とは、四国八十八ケ所霊場を巡拝することをいい、弘仁6年（815）に真言宗の開祖である弘法大師（空海）によって開創されたと伝えられています。しかし、四国遍路がいつから、あるいは何をきっかけに始められたのかについては、弘法大師の弟子・真済《しんぜい》が大師の遺跡を巡拝したことがきっかけという説や、衛門三郎《えもんさぶろう》にまつわる逸話などがありますが、いずれも定かではありません。

ちなみに、衛門三郎とは伊予国《いよのくに》（愛媛県）の長者です。托鉢《たくはつ》に訪れた空海を衛門三郎が粗末に扱ったことをきっかけに、8人の子どもが相次いで病死したとされています。自身

『四国偏礼道指南増補大成』（部分）真念が刊行した『四国偏礼道指南』は刊行以来重版を重ね、多くの増補版も発行された。（香川県立図書館蔵）

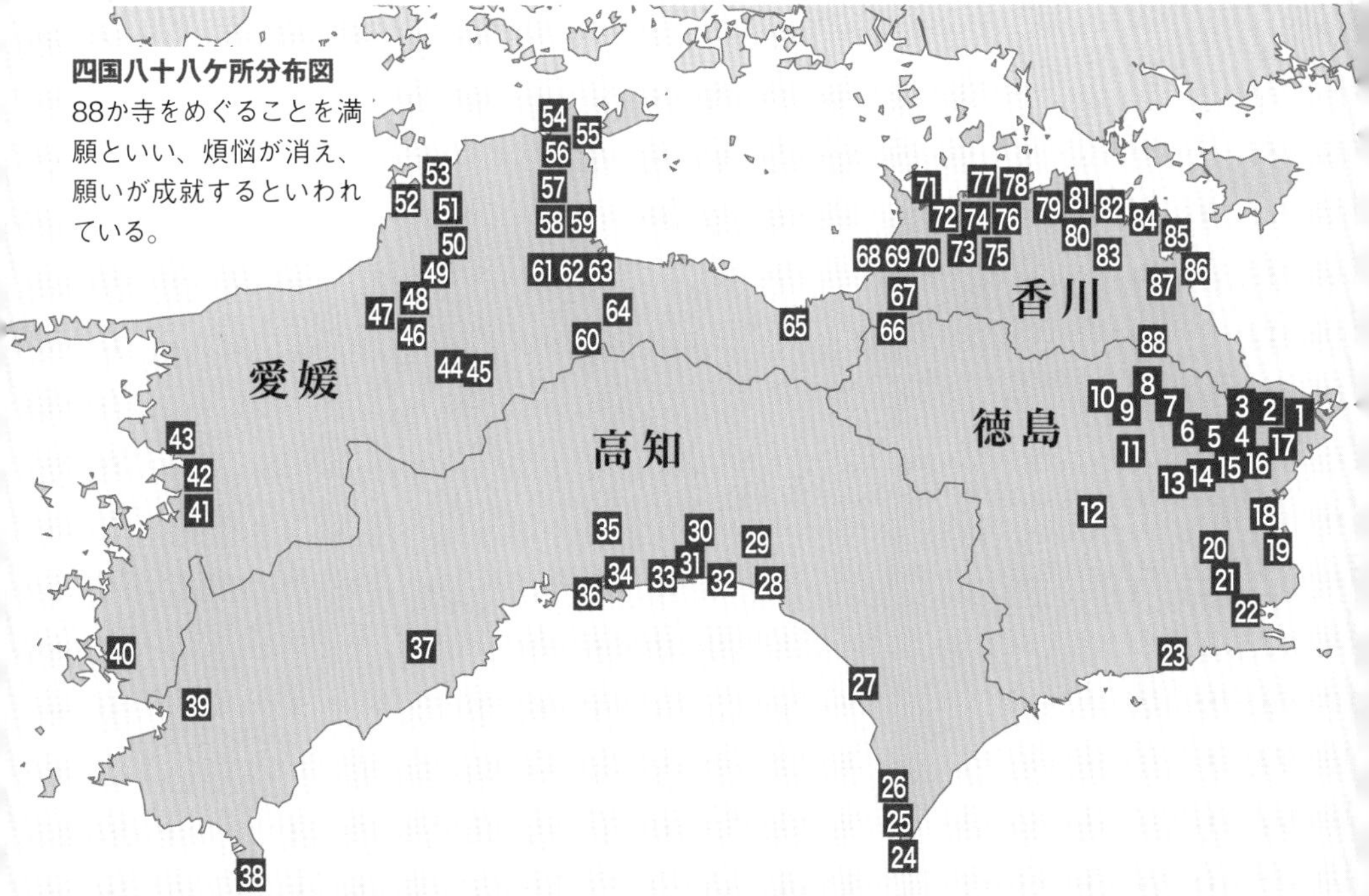

四国八十八ケ所分布図
88か寺をめぐることを満願といい、煩悩が消え、願いが成就するといわれている。

の空海への無礼を悔いた衛門三郎は遍路（巡拝）を行い、これが四国遍路につながったといわれています。衛門三郎は何度も遍路を行い、21回目の遍路の際、弘法大師が衛門三郎の前に現れ、罪を赦《ゆる》すとともに「衛門三郎再来」と書かれた小石を手に握らせた、という逸話が残されています。この話から、衛門三郎には「四国遍路の元祖」という異名もあるようです。

もともとは僧侶の修行だった四国遍路
辺境の地をめぐる辺地修行が原型

四国遍路の始まりについては不明なままですが、原型は、若き日の空海が行ったような山林修行だったと考えられています。奈良時代には厳しい自然の中に身を置き、功徳を得ようとする「浄行」が行われていましたが、平安時代にはそれが辺境の地で行われる「辺地修行」へと展開しました。四国には山岳信仰で知られる石鎚山《いしづちさん》や大瀧ケ嶽、極楽浄土とつながる室戸岬などがあり、当時、多くの僧侶が「聖なる地」として四国を訪れていました。平安時代末に著された説話集『今昔物語』や歌謡集『梁塵秘抄《りょうじんひしょう》』に、僧侶が四国の辺地で修行する様子が描かれています。

四国での辺地修行は、鎌倉時代から室町時代にかけて「四国辺路」と呼ばれ、巡礼の様相を整えていったと考えられています。これには空海に対する大師信仰の高まりが大きく影響しています。空海は唐で学んだ新しい仏教、密教を日本にもち帰っただけでなく、医学や土木、文学など幅広い分野で活躍しました。空海の入定後、その存在を讃える大師信仰が盛んになると、空海のルーツである四国の旧跡をめぐって修行を行う僧侶が現れ、場所が次第に固定されるとともに四国辺路と呼ばれるようになりました。

現在の形式に整えたのは 江戸期の高野聖・真念

四国辺路は、開創から８００年もの間、庶民には無縁のものでした。それを広く庶民に伝えたのは、真念《しんねん》（江戸初期の高野《こうや》聖《ひじり》）でした。

真念は貞享４年（１６８７）に初めての四国遍路の案内書となる『四国辺路道指南』を刊行します。修行僧が歩いた険しい道ではなく、誰もが歩きやすい安全な道を示した同書はその後も版を重ね、その過程で表記も修行を示す「辺路」から、巡礼を表す「徧礼《へんろ》」や「遍路」へと変遷します。さらに真念は、元禄３年（１６９０）に遍路の功徳を解説する『四国徧礼功徳記』も出版しました。これによると真念は自ら２００基以上の道標を立て、また宿の整備もしたといわれています。

『四国辺路道指南』では、88の札所に1から88までの番号が振られ、それぞれの霊場の御詠歌《ごえいか》が記されていますが、この札所番号と御詠歌は現在もそのまま受け継がれています。このことから、四国八十八ケ所霊場が現在の形になったのは江戸時代初頭と考えられており、その立役者ともいえる真念は「四国遍路の父」と呼ばれるようにもなりました。

真念石　真念が立てた道標は真念石と呼ばれる。64番・前神寺（愛媛県西条市）から65番・三角寺（愛媛県四国中央市）の間など、33基が現在も残されている。

四国遍路の最初のピークは江戸後期年間約4万人という試算も

政治的に安定し、経済が発展していた江戸時代中期以降は、四国八十八ケ所や西国三十三所、伊勢まいり、金毘羅まいりなどの巡礼が庶民の間で頻繁に行われるようになりました。四国遍路を行う人数の最初のピークは、宝暦・明和年間（1751～72）といわれています。土佐山内家に伝わる『山内家史料』によると、6か月間で3万6000人から4万8000人もの人々が四国遍路を旅したという試算もあります。現代のような交通手段もないなか、1000キロ以上もの道程を歩き切ることの困難を考えると、驚くべき数字です。

一方で、遍路に対する規制もありました。規制は藩ごとに異なっていたようで、たとえば阿波藩（現在の徳島県）は遍路の入国には寛大でしたが、土佐藩（現在の高知県）は遍路に厳しい藩だったといわれています。松山藩において特徴的なことといえば、四国諸藩に先駆けて最初の遍路規制を出したことです。松山城の城下町においては、参勤交代などに用いられていた三津街道や今治街道など5つの街道で外部とつながっていましたが、四国全土へ通ずる遍路道も外部へつながる道として管理が必要でした。江戸時代初期の万治年間（1658～61）には早くも遍路規制が出されており、遍路の通過の際には往来手形を確認し、出自の不確かな者の通行は禁じられていました。

ただし、古来有名な湯治場であった道後温泉を訪れることに関しては、藩主も特例的な対応をしており、元禄5年（1692）に刊行された『四国遍路日記』によれば、遍路は3日まで湯銭が免除されていたとされます。また、元禄15

遍路墓　多くの人が四国遍路をめぐった江戸時代には、遍路中に亡くなったお遍路さんもあった。札所の近くには彼らを埋葬する遍路墓もみられる（写真は愛媛県上浮穴郡久万高原町七鳥にある岩屋寺参道の遍路墓）。

年（1702）に刊行された道後最古の観光案内書『玉の石』によれば、四国遍路の人々は道後で自由に1泊できたようです。

幕末の動乱期に入ると、松山藩は遍路をはじめとした旅人への警戒を強めていきます。文久2年（1862）には、身元の確かな遍路は一宿を与えてよいが、必ず届け出るようにと指示を出して、城下への人の立ち入りを規制しました。

明治時代に入り、新政府による廃仏毀釈を機に四国遍路は一時衰退します。しかし近年、交通手段の発達などの影響で、観光化・大衆化しながら、再び現代にも受け継がれています。

8か寺がある松山は四国霊場で最も札所の多い地域

四国霊場には県ごとにテーマがあります。徳島県は「発心《ほっしん》の道場」、高知県は「修行の道場」、香川県は「涅槃《ねはん》の道場」、そして愛媛県は「菩提《ぼだい》の道場」と呼ばれています。菩提とは苦しい修行の末に得られた悟りの智恵のことです。

なかでも松山市は四国霊場で最も札所の多い地域であり、比較的歩きやすく、短い距離の間に札所が集まっています。松山市内8か寺の打ち始めに当たる第46番札所の「浄瑠《じょうる》璃《り》寺《じ》」から、第53番札所の「円明《えんみょう》寺《じ》」までの8か寺が松山市内にあります。浄瑠璃寺から47番札所の「八《や》坂寺《さかじ》」までは遍路道「四国のみち」で結ばれており、その距離はわずか800メートルほどです。八坂寺はおよそ1300年前に開かれた古刹で、伽藍《がらん》を建立する際に8つの坂を

浄土寺の本堂　文明14年（1482）に再建された本堂は、昭和28年（1953）に国の重要文化財に指定。正岡子規の句碑「霜月の空也は骨に生きにける」が境内入口に立っている。●伊予鉄道「久米」駅より／松山市鷹子町1198

切り拓いたことからその名がつけられました。

八坂寺から48番札所の「西林寺《さいりんじ》」までの遍路道の途中に「文殊院《もんじゅいん》」、すなわち衛門三郎の菩提寺があり、別格9番札所となっています。西林寺には弘法大師が干魃《かんばつ》に苦しむ村人を救うために開いたという水脈「杖《じょう》ノ淵《ふち》（93ページ参照）」があり、今もなお清らかな湧き水が湧き続けています。49番札所の「浄土寺《じょうどじ》」は、四国で辺地修行をした空也上人が滞留したとされています。

50番札所の「繁《はん》多《た》寺《じ》」は高台に立っており、天気がよければ、松山城だけでなく瀬戸内海までも望むことができます。51番札所は衛門三郎が空海から与えられた石を奉納した「石手《いして》寺《じ》」です。もとは「安養寺《あんようじ》」という名でしたが、衛門三郎再来の説話により寺名を改めたと伝えられています。

52番札所は「太《たい》山寺《さんじ》」です。一の門から山門までは500メートルほどの参道になっており、その界隈にはかつての遍路宿を思わせる民家が今も数軒並んでいます。そして松山市内8か寺の最後は53番札所の円明寺です。同寺には現存最古の銅板納札が保存されています。

石手寺の二王門　境内に建つ宝物館には衛門三郎が与えられた「玉の石」も安置されているという。河野通継が文保2年（1318）に建立したと伝わる二王門は、昭和27年（1952）、国宝に指定されている。●伊予鉄道「道後温泉」駅より／松山市石手2-9-21

太山寺の本堂　本堂は昭和31年（1956）、国宝に指定されている。四国遍路では、本堂と大師堂に参拝して納め札をする。さらに奥の院に足を延ばせば、昔ながらの道が残っている。●伊予鉄道「松山市」駅よりバスで40分／松山市太山寺町1730

Part 3 伊予松山の文化探訪

松山城と瀬戸内海

伊予松山の食文化

四国山地と瀬戸内海に恵まれた愛媛の食文化

西日本最高峰の石鎚山《いしづちさん》などの山地が多く、瀬戸内海や宇和海に面している愛媛県は、自然に恵まれた地形です。そんな愛媛県内は、中予《ちゅうよ》（松山市周辺）、東予《とうよ》（県東部）、南予《なんよ》（県南西部）という3つの地域に分けられます。

南予地方の沿岸部では、柑橘栽培が盛んで、おもに**温州《うんしゅう》みかん**、**ポンカン**、**夏みかん**などの多様な品種が栽培されています。また、中予では**伊予柑《いよかん》**が多く栽培されるなど、愛媛県は「柑橘王国」として広く知られています。

愛媛は新鮮な海産物の宝庫でもあります。古くから、鯛（真鯛）やタコ（マダコなど）は、瀬戸内海沿岸の名産で、鯛の五智網《ごちあみ》漁やタコツボ漁などの先進漁法が、普及していました。

なかでも鯛は、県の魚にも指定され、養殖の真鯛は生産量日本一を誇ります。そして、松山では中予・東予の炊き込みご飯的な**鯛めし**と、刺身を使った宇和島鯛めしの2種が名物として普及しています。後者は、漁師が火を使えない船上でも簡単につくれる料理として食べたのが始まりとされる、南予の漁師料理です。そのほか、鯛そうめんなどもあり、鯛は伊予松山でも代表的な食材であり食文化の象徴だといえます。

鯛めし　上が中予・東予の鯛めし、下が南予の宇和島鯛めし。

子規や漱石も気に入った松山料理

祝い事や来客をもてなす際、松山で振る舞われるちらし寿司が**松山鮓**《ずし》です。愛媛の言葉で、「混ぜる」ことを「もぶる」というため、「もぶり鮓」とも呼ばれています。

瀬戸内海の小魚から出るダシの旨みを生かした、甘めの合わせ酢を使うのが特徴です。刻みアナゴや季節の野菜などを混ぜた酢飯の上に錦糸卵をちらし、さらに季節の小魚を盛りつけます。瀬戸内海の魚をふんだんに味わえる郷土料理です。

松山鮓

明治25年（1892）、夏目漱石が松山で正岡子規の家に立ち寄った際、松山鮓を振る舞われ、かなり喜んだという話が残されています。また、「われ愛すわが予州松山の鮓」という俳句を詠むほど、子規にとってもお気に入りの郷土料理だったようです。

藩主の嗜好と松山特産の柑橘類が融合

伊予松山の文化は、藩政時代に根づいたものが数多く残っており、俳句や茶の湯、能を愛でる風雅な文化都市の土台となりました。ことに食文化では、歴代藩主の嗜好と伊予松山らしい食材が融合し、豊かな郷土食が生まれました。

松山名産の土産《みやげ》物となったのが、赤色に染まったかぶの漬物、**緋**《ひ》**のかぶ漬け**です。この漬物の鮮やかな発色に欠かせないのが、愛媛地方で「カブス」と呼ばれているダイダイ（橙）などの柑橘類です。「緋のかぶ」という赤かぶの皮をむいて塩漬けするときにカブス酢を加えると、赤かぶの色素であるアントシアニンと酢が反応し、鮮やかな緋色に染まります。

緋のかぶ漬けの歴史は、寛永4年（1627）に蒲生忠《がもうただ》

緋のかぶ漬け

知《とも》が松山に転封になった際、ルーツの近江国《おうみのくに》（現在の滋賀県）蒲生郡日野産のかぶを移植したのが始まりとされています。カリッとした歯ごたえにカブスのさわやかな風味がきいた甘酸っぱい漬物は、その後も多くの松山人に愛され続け、おせち料理の一品として各家庭でもつくられるようになりました。正岡子規も「緋の蕪や膳のまはりも春景色」とこの漬物を題材に俳句に詠んでいます。

五色の彩りが幕末の流行唄に登場

寛永12年（1635）、伊勢桑名藩（現在の三重県桑名市吉之丸）から松山へ国替えとなった初代藩主の松平定行に伴って、多くの商工業者が松山に移り住みました。定行に随行してきた長門屋市左衛門《ながとやいちざえもん》の子孫が生み出したのが**五色《ごしき》そうめん**です。

享保7年（1722）、八代目長門屋市左衛門の娘が商売繁盛を願って伊予豆比古命《いよずひこのみこと》神社（椿神社）へ参拝した折、美しい五色の糸が下駄に絡みついたのを見て、そうめんに五色の色をつけてみてはどうかと父親に勧めたのがきっかけだと伝わっています。娘の言葉をうけて長門屋市左衛門は、濃紺の麺には高菜、緑の麺にはクチナシと高菜を組み合わせ、赤い麺にはベニバナ、黄色い麺にはクチナシを使い、五色のそうめんを編み出しました。

五色そうめん

その彩りは評判となり、5代藩主の松山定英《さだひで》が8代将軍徳川吉宗に五色そうめんを献上したところ、「格別上品至極」と賞賛され、朝廷から「美麗五色は唐糸の如く美し」との言葉を賜り、一躍全国的に知られるようになりました。

幕末に流行唄となった「伊予節」にも「音に名高き五色素麺」との一節があります。民衆にとってもあこがれの逸品としてその名が知れ渡りました。

長門屋市左衛門は松山に移り住み、そうめん商として店を構えました。そのときの店が「五色そうめん株式会社」と名前を変え、五色そうめんの老舗として現在も続いています。変わらぬ味を伝え続けるだけでなく、多くの人に五色そうめんを知ってもらうため、また、新たな魅力を知ってもらうために各地でイベントなどを行っています。彩りよく、のどごしさわやかな五色そうめんは、300余年経った今も、贈答品や松山土産として人々に愛され続けています。

松平定行が再現したと伝わる南蛮菓子

一般的に「タルト」といえば洋菓子のイメージがありますが、松山ではカステラ生地でユズ風味のこしあんを「の」の字に巻いたお菓子を**タルト**と呼びます。松山にタルトを定着させたのは、初代藩主の松平定行だといわれています。

正保4年（1647）、定行はポルトガル船が長崎へ入港したという知らせを聞き、異国船の取り締まりにおもむいた際、カステラのなかにジャムを巻いた南蛮菓子に出会ったといいます。それがタルトでした。その味の虜になった定行は、帰郷の際に長崎から製法をもち帰り、南蛮菓子に使われていたジャムを餡に変えた現在のタルトを考案したといわれています。

タルト

元禄の武家や町家で生まれた郷土菓子

ひな祭りを祝う松山の郷土菓子といえば、**醤油餅**です。上新粉（米粉）と砂糖、醤油からつくられる餅で、やわらかな口当たりと醤油の風味が特徴です。

元禄頃の桃の節句に、松山城下の武家や町家で米粉と醤油で餅をつくり、お雛様に供えたのが始まりとされています。一説では、江戸時代初期に松山藩祖である久松定勝が家臣の繁栄を願い、桃の節句に醤油餅をつくって分け与えたという話もありますが、定かではありません。

それ以降、ひな祭りに各家庭でもつくられるようになり、松山のおふくろの味として松山では親しまれてきました。現在では、五色の醤油餅やあんこが入った醤油餅などが土産物店で売られています。

醤油餅

伊予松山の芸能・芸術

松山藩も奨励した農家の副業

松山城は道後平野の中心地にあり、城下以外の人々の生活は農業で成り立っていました。そんな農家の副業として発達したのが**伊予絣**《いよかすり》です。「絣」とは、「たて糸」と「よこ糸」でさまざまな模様を織り上げる伝統工芸で、松山特産の伊予絣は、久留米、備後と並ぶ日本三大絣の1つに数えられています。

伊予絣を考案した鍵谷《かぎや》カナは、天明2年（1782）、垣生村今出《はぶむらいまず》（現在の松山市西垣生町）の生まれです。自分の家のわら屋根をふき替えるとき、押し竹をしばった跡のまだら模様に注目しました。そして、これを機織りに応用して新しい絣模様を織りなし、伊予絣を考案したといわれています。

昭和の戦前期まで、伊予絣の生産量は全国一を誇っていましたが、綿花の輸入制限、戦争の激化などの影響で一時生産が途絶えたこともありました。戦後生産が再開され、昭和30年代に100万反台まで回復し、現在は伝統的特産品として保存活動が行われています。

240年以上つづく手づくり・手焼きの技術

「四国一の焼き物の里」として知られる伊予郡砥部《とべ》町を中心につくられているのが**砥部焼**という磁器です。白く際立った磁肌が特徴の焼き物です。

砥部焼は、伊予国大洲《おおず》藩が財政難に陥った際、新たな特産品を生みだすべく、もともとあった特産品である「伊予砥《いよと》」という砥石《といし》の屑《くず》を原料に、安永6年（1777）に初の磁器生産に成功したことが始まりとされます。明治に入り廃藩置県が行われると、唐津や瀬戸など焼き物の名産地から技術を入手できるようになり、急速に発展していきました。

大正から昭和にかけて、手づくりの砥部焼の生産量は落ち込みますが、戦後には、砥部焼の手づくり・手焼き技術を、民芸運動で有名な柳宗悦《やなぎむねよし》が高く評価したことで、現代にもその魅力が受け継がれてきました。現在は、昭和51年（１９７６）に国の伝統的工芸品、平成17年（２００５）に県の無形文化財にも指定され、砥部町だけでなく松山市などでも広く愛されています。

無形民俗文化財になった福を呼ぶ舞踊

２３０年にも及ぶ久松松平家の藩政は、能楽や茶の湯など、武家文化の数々を松山に根づかせました。なかでも、松山で独自の進化を遂げた伝統芸能といえるのが、松山市指定無形民俗文化財になっている**伊予万《まん》歳《ざい》**です。「万歳」とはお笑いの漫才ではなく、祝福芸能のことで、唄や太鼓、三味線などのにぎやかな伴奏に合わせて着飾った人々が演舞する舞踊です。

起源は江戸時代前期の寛永年間（１６２４～44）に、初代藩主である松平定行が、正月の行事として尾張（現在の愛知県）の「知多万歳」を招き、年の始めを祝ったことに始まるとされています。

古典的な万歳は、太夫《たゆう》（芸能の座の長）と才蔵《さいぞう》（太夫の相手をするこっけいな役の者）とのかけ合いで構成されていました。その後、太夫は一座の監督的な立場となり、まじめな才蔵に、こっけいな役の次郎松が加わるという趣向となり、寸劇も加味された「お染久松」「忠臣蔵」や扇を多数使って老松を表す「松づくし」など多様化していきます。

明治になると伊予万歳は衰退し、現在の松山市土居田町の沢田亀吉がわずかにその芸を伝えているのみでした。明治29年（１８９６）、沢田亀吉は東京の久松家邸に招かれて芸を披露したことから、伊予万歳は再び広く世に知られるようになります。その後は中予全域に普及し、農村娯楽として祭礼・縁日・宴席の余興で盛んに行われるようになりました。

道後温泉にちなんだ数多くの文学

松山城の東に位置する道後温泉（１１６ページ参照）は、古来数多くの天皇や貴族の来湯の記録があります。近代には文人墨客や著名人の来遊が多くあり、道後温泉にちなんだ数多くの文学作品が生まれました。

古代においては大和朝廷と関係が深かったようで、熟田津（道後温泉付近とされるが諸説あり）は海上交通の重要な拠点の１つでした。斉明天皇7年（６６１）

の白村江《はくすきのえ》の戦いに備えて九州に向かった斉明天皇は、潮待ちのために道後に滞在し、同行していた額田王《ぬかたのおおきみ》が『**万葉集**』に収録されている「熟田津の歌」を詠んだと伝えられています。このほか、『**日本書紀**』『**源氏物語**』にも「伊予の湯（道後温泉）」が登場し、平安時代には広く知られていたようです。

現在に続く道後温泉の基礎を築いたのは、初代藩主の松平定行です。定行は温泉施設の建設に着手し、寛永15年（1638）頃から積極的な温泉経営を始めました。明治時代に鉄道が発達すると、道後温泉は療養温泉から観光温泉地へと発展していきます。こうして県外から伊予松山に一時居住し、観光客が増え、その経験をもとに伊予松山の風土や人間を描いた作品が生み出されていくことになりました。夏目漱石の『**坊っちゃん**』を筆頭に、国木田独歩の『**忘れえぬ人々**』、小泉八雲の『**怪談**』などが挙げられます。

正岡子規を生んだ松山藩の俳句文化

松山を代表する文化人といえば、俳聖・**正岡子規**です。松山に生まれ育った子規は、15歳で東京に出て34歳で短い生涯を終えるまで2万を超える句を残し、近代文学の歴史に消えることのない功績を刻みました。「俳句は季題をもち、五七五音より成る定型詩」という現代俳句の原型を確立したことも子規の功績です。

松山藩士の家に生まれた子規にとって、俳句は身近なものであり必須の教養でした。松山藩では松平定行の松山城入封の折に、江戸時代前期の俳人・松永貞徳《ていとく》の直門だった秦一景《はたいっけい》が随行して松山に移り住みます。その後、4代藩主の松平定直が俳諧を愛好しており、蕉門《しょうもん》（松尾芭蕉の門下）の双璧と称された宝井其角《たからいきかく》に師事し、みずから俳号をもちました。

江戸時代後期になると、小林一茶とも交友があった**栗田樗堂《くりたちょどう》**や、子規の俳諧の師となる**大原其戎《おおはらきじゅう》**が活躍します。このような背景が、俳聖・正岡子規を生み出

松山城と城下町を舞台とした小説作品紹介

・夏目漱石

『**坊っちゃん**』（新潮文庫、角川文庫ほか）

夏目漱石自身が、愛媛県尋常中学校で教鞭をとっていたと

す素地となり、子規の精神を受け継いだ**高浜虚子**《たかはまきょし》、**河東碧梧桐**《かわひがしへきごとう》、**柳原極堂**《やなぎはらきょくどう》など有名な俳人たちを輩出することにつながっていきます。

昭和41年（1966）に、子規・漱石・極堂生誕百年祭の記念事業の1つとして観光俳句が募集され、昭和43年（1968）に松山城に俳句ポスト第1号が設置されました。その後、松山市内各所に俳句ポストが設置されるようになり、平成26年（2014）には俳都松山宣言が発表されます。現在でも松山市ではさまざまな場所で句会や俳句イベントが開催され、ことばを大切にした街づくりが行われています。

松山城内の俳句ポスト　右は子規の句碑。

きの体験をもとに書いた作品。江戸っ子気質で正義感の強い主人公、坊っちゃんが毎日入浴し、よく泳いだ「住田の温泉」は、道後温泉がモデルになっている。

・司馬遼太郎

『坂の上の雲』（文春文庫）

明治時代、日清・日露戦争において陸海軍の軍人として活躍した秋山好古《よしふる》・真之《さねゆき》兄弟と、俳句や短歌を改革し日本独自の文学をつくろうとした正岡子規。この3人の生涯を中心に、日本が近代国家へと成長していく軌跡を描く。

・山本周五郎

『二十三年』（『日本婦道記』新潮文庫に収載）

新沼靫負《にいぬまゆきえ》は会津蒲生家の家臣。謹直な性格が周囲に買われて平凡に過ごしてきたが、蒲生家が改易となり、松山蒲生家に仕官するべく松山へおもむく。不幸が度重なるが、唯一のたのみは下働きの女、おかやであった。

・早坂暁

『ダウンタウン・ヒーローズ』（新潮文庫）

第二次世界大戦前後、旧制松山高校を舞台にくりひろげられる「自称天才」学生たちの青春を描く。主人公は道後松ケ枝町の遊郭の娼婦・イチ子と出会ったことによって予期せぬ道へ走り出す。早坂暁の自伝的小説で、山田洋次監督によって映画化された。

伊予松山を知るためのミュージアム案内

松山平野の歴史を縄文時代からひも解く

　松山城が築城された勝山山麓は、縄文時代後期から人が居住していたようで、山上は古墳時代後期に墓域、室町時代には山城（味酒山城《みさけやまじょう》）として利用されたと考えられています。

松山市立埋蔵文化財センター・松山市考古館　（松山市教育委員会提供）

松山市立埋蔵文化財センター・松山市考古館は、平成元年（1989）に松山総合公園内に建てられました。松山市立埋蔵文化財センターは、発掘調査や研究、資料の整理、保存、収蔵などを行う、松山市内の遺跡の情報拠点です。

　松山市考古館は、遺跡や歴史に興味をもってもらうため、また埋蔵文化財の保護意識の向上のための施設です。旧石器時代の石器や縄文時代の土偶、古墳時代の勾玉《まがたま》、奈良・平安時代の瓦、江戸時代の砥部焼《とべやき》など、松山平野で出土した考古資料約600点が展示されています。

松山市文化財情報館　（松山市教育委員会提供）

　一般の人や観光客も訪れることができる施設となっており、体験学習コーナーでは、縄文時代から飛鳥・奈良時代までの衣装や人物埴輪の着ぐるみを着ることができ、臼《うす》や杵《きね》などの復元品に触れることもできます。

同じ松山総合公園内にある**松山市文化財情報館**も、松山平野で出土した土器や石器、装飾品などの考古資料を整理・保管しています。施設内は、1階の公開準備室では、実際の発掘調査で得られた出土文化財の整理作業を見学することができます。また、同じく1階の歴史学習室では、発掘調査で得られた資料の展示などを行っており、見学することができます。2階はすべて、市内で出土した資料を保管する収蔵庫として使用されています。

松山市立埋蔵文化財センター・松山市考古館
・松山市南斎院町乙67—6
・伊予鉄バス「丸山」バス停より

松山市立文化財情報館
・松山市南斎院町乙63—1
・伊予鉄バス「丸山」バス停より

松山城の下地を掘り下げる

湯築城《ゆづきじょう》（114ページ参照）は、中世の伊予国の守護であった河野氏が南北朝期から戦国期（14世紀前半〜16世紀末）まで、約250年間にわたって居城していた平山城です。城址では発掘調査が行われ、当時の武家屋敷跡や土塀跡、排水溝の遺構、陶磁器などの遺物が数多く出土しています。

現在は城址全体が道後公園となっており、その敷地内には**湯築城資料館**が建てられています。そこでは湯築城址からの出土品をはじめ、発掘調査の概要、中世武士の城内での暮らしをわかりやすく紹介しています。

湯築城資料館
・松山市道後公園1
・伊予鉄道「道後公園」駅より

小説『坂の上の雲』を追体験する

坂の上の雲ミュージアムは、松山の町全体を屋根のない博物館とする『坂の上の雲』フィールドミュージアム構想」の中核施設として、平成19年（２００７）に開館しました。松山城南麓に位置するこの建物は、世界的建築家・安藤忠雄の設計によるものです。

司馬遼太郎の小説『坂の上の雲』の主人公である秋山好古《よしふる》・真之《さねゆき》兄弟、正岡子規ゆかりの名品などが展示されています。原作を読んでいない人でも、近代国家の形成に大きく関わった人々の軌跡から、明治・大正時代の歴史についてわかりやすく学ぶことができます。

坂の上の雲ミュージアム　2階には観覧券なしで利用できる「ライブラリー・ラウンジ」があり、明治時代に関する書籍や資料を閲覧できる。

坂の上の雲ミュージアム
・松山市一番町３－20
・伊予鉄道「大街道」駅より

俳句革新の原動力となった街を歩く

松山市立子規記念博物館は、正岡子規の世界をとおして、松山が育んだ文学について親しみ、理解を深めることができる文学系の博物館です。館内には子規に関する多彩な資料が展示され、子規の生涯や松山の文学の歴史を学ぶことができます。

３階には子規の学友である夏目漱石が松山赴任中、

松山市立子規記念博物館　（松山市立子規記念博物館提供）

子規と漱石がしばらく同居生活をしていたという「愚《ぐ》陀仏庵《だぶつあん》」が復元されています。病身を癒やしながら俳句革新の原稿『俳諧大要』を書き続けた子規と、のちに小説『坊っちゃん』の舞台となる松山暮らしをしていた漱石は、道後温泉界隈を散策し、俳句をつくりました。観覧したあとは道後温泉周辺を見て回れば、子規と漱石の足跡をたどることもできます。

松山市立子規記念博物館
- 松山市道後公園1－30
- 伊予鉄道「道後温泉」駅より

伊予松山の昔の暮らしを体感

松山南部から久万《くま》高原に至る旧土佐街道筋は幹線道としてにぎわい、数多くの歴史的遺産が生まれました。その歴史的遺産の1つで、大洲藩の庇護によって発展した砥部焼の窯が集中している砥部町にあるのが、**砥部むかしのくらし館**です。築100年を超える古民家と蔵を改装した館内には、明治時代の砥部焼「淡黄《たんおう》磁《じ》」や、着物の形のかけ布団「夜着」のコレクションなど日本でもめずらしい品が多数展示されています。

2階にはお面のコレクションや暮らしの道具が多数展示されています。松山藩時代の武家や農民の暮らしがわかる展示もあり、藩政期の暮らしを身近に感じることができます。

砥部むかしのくらし館　築100年を超える旧梅野商会の主家と蔵で構成されている。令和5年(2023)に、そのどちらもが国登録有形文化財に指定された。(砥部むかしのくらし館提供)

砥部むかしのくらし館
- 伊予郡砥部町大南701
- 伊予鉄バス「砥部焼伝統産業会館前」バス停より

伊予松山の祭礼・行事

新春の祭礼・行事と見どころ

椿まつりは、毎年旧暦1月7〜9日の3日間にわたり伊予豆比古命神社で行われます。「立春に近い上弦の月の初期」に行われていた椿まつりの終わりと、四国各地の田起こしや種まきを始める時期が同じだったことから、伊予路に春を呼ぶまつりとして親しまれてきました。折れ口にお多福の顔が現れる「おたやん飴」は、椿まつりならではの名物です。

そのほかの祭礼・行事
お城のお正月▼1／1〜3（松山城本丸）、初子祭▼1月第2日・月曜（湯神社）

春の祭礼・行事と見どころ

道後温泉まつりは、毎年3月中旬頃、3日間にわたって道後温泉で開催される春の祭典です。300年の歴史があるとされる道後温泉ですが、宝永4年（1707）、地震によって湧出が止まりました。困った人々が温泉の守護神をまつる湯神社に祈ると、翌年から再び湯が出はじめたといいます。その記念に、毎年湯祈禱祭を行っていました。これが道後温泉まつりの起源です。

その後も道後温泉はたびたび地震災害を受け、湯が止まった記録が過去に数十回ありますが、そのたびに管理者や地区民は、湯神社で湯祈禱をしたといいます。昭和25年（1950）に湯祈禱から温泉まつりに名を変え、本格的な行事として実施されています。

道後温泉まつり　湯祈禱の様子。

そのほかの祭礼・行事

松山春まつり▼4月上旬の土・日曜（松山市中心部）、二之丸薪能《たきぎのう》▼5月初旬～中旬（二之丸史跡庭園）、北条鹿島まつり▼5／3～4（鹿島神社ほか）

夏の祭礼・行事と見どころ

正岡子規は、英語の野球用語を日本語に翻訳するほどの野球好きでした。このような背景もあり、愛媛県は「野球王国」と呼ばれるほど野球が盛んで、松山は「野球拳」の発祥地でもあります。毎年8月上旬には大街道・千舟町会場と堀之内会場で、**松山野球拳おどり**（旧・松山まつり）が行われます。連と呼ばれる各グループが演舞する野球拳おどりが見どころです。

そのほかの祭礼・行事

風早海《かざはやうみ》まつり▼7月下旬（北条港外港）、松山港まつり・三津浜花火大会▼8月第1土曜（三津ふ頭）

秋の祭礼・行事と見どころ

松山秋祭りは、五穀豊穣などに感謝して毎年10月5日から7日に松山市内各地の神社で行われる祭りの総称で、各地で神輿《みこし》の鉢合わせが行われます。三津厳島《みついつくしま》神社では、神輿の宮出しの前に「虎舞《とらまい》」という神事が行われます。これは、初代松山城主の加藤嘉明が朝鮮半島に出兵した際、山中で大きな虎を仕留めたという伝説を、芝居仕立てにした伝統芸能です。

虎舞　（三津厳島神社提供）

そのほかの祭礼・行事

大神輿総練▼9月（城山公園内）、北条秋祭り▼10月上旬（北条地区全域）

索引

参考文献

『全国寺院名鑑　中国・四国・九州・沖縄・付海外篇』全日本仏教会寺院名鑑刊行会、１９６９年
『日本城郭大系　第16巻　大分・宮崎・愛媛』児玉幸多ほか監修、新人物往来社、１９８０年
『角川日本地名大辞典38　愛媛県』竹内理三編、角川書店、１９８１年
『聞き書　愛媛の食事（日本の食生活全集38）』農山漁村文化協会、１９８８年
『松山市史料集　第13巻　年表・近世編8　近・現代編5』松山市、１９８８年
『伊予路の文化』松山市教育委員会編著、松山市文化財協会、１９９１年
『松山市史　第2巻　近世』松山市、１９９３年
『松山城　増補5版』松山市観光協会、１９９４年
『郷土清水』松山市清水公民館、１９９４年
『清水の里』清水の里研究会編、松山市立清水小学校、１９９８年
『城の鑑賞基礎知識』三浦正幸著、至文堂、１９９９年
『松前町にかかわる近隣の史跡・文化財等』松前町教育委員会、２００１年
『街道の日本史46　伊予松山と宇和島道』川岡勉ほか編、吉川弘文館、２００５年
『松山神社』まつやま文化財サポートの会、２００６年
『歴史散歩38　愛媛県の歴史散歩』愛媛県高等学校教育研究会地理歴史・公民部会編、山川出版社、２００６年
『掘り出されたえひめの江戸時代――くらし百花繚乱』愛媛県歴史文化博物館、２００８年
『県史38　愛媛県の歴史　第2版』内田九州男ほか著、山川出版社、２０１０年
『松山城の秘密――城と藩主と城下の基礎知識　新訂版』土井中照編著、アトラス出版、２０１１年
『松山新地名・町名の秘密――地名から知る松山の姿　増補改訂版』土井中照編著、アトラス出版、２０１４年
『松山城下図屏風の世界』愛媛県歴史文化博物館、２０１４年
『松山の都市デザイン』松山市都市デザイン課、２０１５年
『ブラタモリ6　松山　道後温泉　沖縄　熊本』ＮＨＫ「ブラタモリ」制作班監修、ＫＡＤＯＫＡＷＡ、２０１６年
『子規「散策集」をたどるまち歩きと松山の魅力再発見！』羽鳥剛史監修、松山市、２０１７年
『古地図で楽しむ伊予』愛媛県歴史文化博物館編、風媒社、２０１８年
『瀬戸内ヒストリア――芸予と備讃を中心に』愛媛県歴史文化博物館編、伊予鉄総合企画、２０１９年
『子規３６５日』夏井いつき著、朝日文庫、２０１９年
『史跡松山城跡保存活用計画』松山市、２０１９年
『伊予山の辺のみちを歩こう』伊予山の辺のみちを歩こう会、２０２１年
『史跡松山城跡――史跡整備等に伴う遺構確認調査等総括報告書（平成13～29年度）』松山市文化・スポーツ振興財団埋蔵文化財センター編、松山市、２０２２年

監修協力　大本敬久
インタビュー撮影　大美和博
編集協力・図版作成・撮影　小河原徳、クリエイティブ・スイート
執筆協力　明石白、清塚あきこ、西田めい、
小倉康平・冨永恭章（クリエイティブ・スイート）
装丁　伊藤礼二（T-Borne）
小河原徳、大槻亜衣（クリエイティブ・スイート）

図説《ずせつ》日本《にほん》の城《しろ》と城下町《じょうかまち》⑥
松山城《まつやまじょう》

二〇二三年四月二〇日　第一版第一刷発行

監修者　松山市教育委員会
発行者　矢部敬一
発行所　株式会社　創元社
〈本　社〉〒五四一-〇〇四七
大阪市中央区淡路町四-三-六
電話（〇六）六二三一-九〇一〇㈹
〈東京支店〉〒一〇一-〇〇五一
東京都千代田区神田神保町一-二
田辺ビル
電話（〇三）六八一一-〇六六二㈹
〈ホームページ〉https://www.sogensha.co.jp/

印刷　図書印刷

ISBN978-4-422-20176-4 C0320